목차

빛을 밝히세요

노바는 태양이 폭발한 후의 세상을 탐험하고 재건하는 롤플레잉 게임입니다. 여러분은 태양의 힘을 사용하는 외골격 슈트, "스파크"의 파일럿이 되어 어둠 속으로 용감하게 모험을 떠날 것입니다. 슈트를 장착하고 시스템을 가동하세요. 여러분은 새로운 새벽을 여는 인류의 마지막 희망입니다.

> **무엇을 준비해야 하나요?**
> 게임 규칙, 플레이어별 캐릭터 시트, 각자 사용할 육면체 주사위(d6으로 지칭합니다) 4개, 참고사항을 적을 종이가 필요합니다.

테이블에서 맡을 역할

노바 플레이에는 두 가지 역할이 필요합니다:
›› 스파크와 게임 마스터(GM)

플레이어 대부분은 스파크를 플레이합니다. 태양의 힘으로 가동하는 스파크는 인류를 지키고 도시의 벽 너머 어둠을 탐험하기 위해 만든 슈트입니다. 플레이어들은 스파크의 행동을 결정하는 한편, 임무를 완수하기 위해 서로 협력합니다.

플레이어 중 한 명은 GM을 맡습니다. GM은 스파크들의 이야기를 서로 짜맞추고 엮는 데 도움을 줍니다. GM은 임무를 운영하고, 스파크에게 목표를 부여하고, 임무 환경과 적을 묘사하는 책임을 맡습니다.

GM과 스파크는 함께 플레이를 하면서 해가 뜨지 않는 황무지에는 어떤 위험이 도사리는지, 임무에 나선 스파크들이 어떻게 탐험하며 어떤 적들과 맞서 싸울지 이야기를 만들어갑니다. GM이 장애물을 만들면, 스파크는 어떻게 역량을 발휘해서 극복할지 결정합니다.

태양이 폭발했습니다. 태양의 파편이 태양계를 가로질러 지구와 달에 충돌했습니다. 인류는 전멸에 가까운 끔찍한 피해를 받았고, 움푹 패고 일그러진 달은 여전히 하늘에 못박힌 채 희미한 빛을 발하며 우리의 종말을 밝히는 등대가 되었습니다.

태양샘

수백 년 후, 우리는 다시 일어났습니다. 지면에 박힌 태양의 파편은 어느 정도 식었습니다. 인류는 이 파편 주위에 모여 그 온기와 빛을 활용했습니다. 이제, 이 *태양샘* 덕분에, 우리는 무한에 가까운 에너지를 활용할 수 있게 되었습니다.

운명의 장난처럼, 이 새로운 에너지원은 인류의 기술을 비약적으로 발전시키고 있습니다. 태양샘 주변에 건설된 도시는 옛 지구의 유물과 새로운 세상의 기술이 혼합된 도시입니다. 우리는 어둠에 맞설 준비가 되었습니다.

스파크

우리는 강력한 외골격 슈트를 만들었습니다. 태양샘의 에너지로 구동되는 이 슈트, **스파크**는 안전한 태양샘 너머의 어둠을 탐험할 수 있을 만큼 튼튼하며, 저 바깥에 숨어 있는 모든 위험에 맞서 파일럿 자신과 인류를 보호할 수 있을 만큼 강력합니다.

여러분이 바로 그 스파크입니다.

옛 지구에 가득한 폐허 아래에는 문명을 재건하는 데 필요한 기술과 지식이 잠들어 있습니다. 황혼땅 저편에는 태양의 파편을 차지하려는 자들과 아예 파편을 파괴하려는 자들이 도사리고 있습니다.

슈트를 입으세요. 새로운 새벽을 맞이할 시간입니다.

노바는 스파크와 GM이 주고받는 대화로 이루어지는 게임입니다. 이 게임은 열띤 전투와 휴식, 탐험, 회복 사이를 오가며 진행됩니다.

스파크가 무언가를 시도하고, 행동 결과가 성공인지 실패인지가 중요하다면, 주사위를 굴려야 합니다. 적을 공격할 때, 고집 센 상대를 설득할 때, 적이 지키고 있는 전초 기지를 홀로 통과할 때, 그 밖의 위태로운 상황에서 주사위를 굴려야 합니다.

스파크가 행동할 때, 위험이 없다면 주사위를 굴릴 필요가 없습니다. 주변 환경을 탐험하거나, 동료와 무언가를 의논하는 등 크게 잃을 것이 없는 상황은 고도로 훈련된 전사에게 별 위험이 되지 않습니다.

핵심 규칙

스파크가 위험한 행동을 하면, GM은 어느 능력치가 (태양, 달, 그늘) 스파크의 행동을 가장 잘 나타내는지 정합니다. 능력치는 p.5에서 설명하겠습니다.

> 스파크는 특정 능력치 (태양, 달, 그늘) 점수만큼 주사위를 굴린 다음, 가장 높은 결과를 봅니다.
> > 1-2: 실패, 대가가 따릅니다.
> > 3-4: 성공, 대가가 따릅니다.
> > 5-6: 완벽한 성공. 대가 없이 완전한 효과를 얻습니다.

대 가

현재 상황에서 나올 법한 어떠한 골칫거리도 대가가 될 수 있습니다. 스파크가 경보를 작동시켰거나, 작동 중인 계기반을 실수로 망가뜨렸을 수도 있습니다.

전투 중에는 적들이 전술적으로 유리한 행동을 하거나 스파크에게 피해를 주는 식의 대가가 발생할 수 있습니다. 예를 들어, 적들이 측면으로 우회하여 스파크가 속력을 활용할 수 없는 사각지대로 몰아넣을지도 모릅니다. 더 많은 예는 GM 항목을 참조하세요 (**p.63**).

이 핵심 규칙의 한 가지 예외는 파워입니다. 스파크의 파워 사용은 주사위를 굴리지 않습니다. 파워 사용법은 전투 항목에서 더 자세히 설명합니다 (p.7).

능력치는 스파크가 전투 안팎에서 어떻게 행동하는지 보여줍니다.

능 력 치

능력치는 파일럿이 전장 안팎에서 행동할 때 어떤 방법을 쓰는지 보여주는 수단입니다. 능력치는 수치로 표현합니다. 게임 중 GM이 다양한 능력치 판정을 요구하면, 플레이어는 자신의 능력치 점수만큼 주사위를 굴립니다.

다음은 다양한 상황에서 각 능력치를 어떻게 사용하는지 보여주는 예입니다.

 **태양** : **강력하고, 파괴적이고, 적극적인 활동.**

옛 문명의 제어 장치를 무차별 자료 입력으로 해킹하기, 문이나 벽을 부수기, 엄청난 무게를 견디기, 감정적으로 말하기.

 달 : **빠르고, 반응적이고, 위험한 행동.**

제어 장치를 재빨리 해킹하기, 정확한 타이밍에 행동하기, 위험이나 탐지를 피하기, 빠르게 빠져나가기.

 그늘 : **숙련되고, 참을성 있고, 꼼꼼한 행동.**

제어 장치를 차분하게 해독하기, 현재 상황이나 장소를 분석하기, 언제 행동할지 알기, 논리를 활용해 결론 내리기.

플레이 예시…

케이트는 황혼땅의 적을 찾아서 파괴하도록 만든 정찰용 스파크 보이저로 플레이합니다. 케이트는 달 사냥개들이 다른 곳을 주시하고 있을 때를 노려 눈에 띄지 않게 지면의 틈새를 뛰어넘으려 합니다. GM은 이게 달로 할 만한 행동이라고 판단합니다. 기회를 포착해 재빨리 행동하는 것이니까요. 케이트는 달 수치가 3이므로 3d6을 굴려 가장 높은 결과를 봅니다. 5가 나왔으니 완벽한 성공입니다! GM은 케이트의 스파크가 틈새 반대쪽에 사뿐히 착지했고, 달 사냥개들은 눈치채지 못했다고 설명합니다.

특성

각 스파크는 임무에서 제각기 특정한 역할을 하기 위해 제작되었지만, 다음 특성은 모든 스파크가 공통적으로 지닙니다.

능력치: 스파크가 어떻게 행동하는지 나타냅니다.

    태양: 강력함, 감정적, 적극적, 파괴적

    달: 반응적, 재빠름, 기민함, 효과적

    그늘: 꼼꼼함, 숙련된, 정교함, 참을성

체력: 캐릭터가 죽어가기 전에 버틸 수 있는 피해 수치입니다.

연료: 캐릭터가 파워를 사용할 때 소비하는 자원입니다.

플레어: 스파크를 맞춤 제작하는 데 사용하는 개조 시스템입니다.

파워: 각 스파크의 고유한 능력으로, 스파크의 제작 목적이기도 합니다.

파워와 연료

각 스파크는 두 가지 형태의 고유한 파워를 지닙니다: 자동 파워와 발동 파워. *자동 파워*는 항상 효과를 발휘합니다. 예를 들어, 파이어의 참격은 자신의 턴을 시작할 때 인접한 적에게 피해 1점을 주는 자동 파워입니다. *발동 파워*를 사용하려면 연료 1을 소모해야 합니다. 예를 들어, 파이어는 연료 1을 소모해서 사냥꾼 파워를 발동해 멀리 있는 적에게 불타는 창을 던질 수 있습니다. 이 능력은 언제든지 사용할 수 있지만, 보통은 전투 중에 가장 많이 사용합니다 (**p.7**).

전투

라운드와 턴

노바의 전투는 라운드와 턴으로 구성됩니다. 모든 스파크와 GM이 한 차례씩 턴을 실행하면 한 라운드가 끝나고 새로운 라운드가 시작됩니다.

라운드가 시작되면 모든 스파크는 원하는 순서대로 턴을 실행합니다. 정해진 턴 순서는 없으므로 어떤 스파크든 먼저 행동할 수 있습니다. 스파크는 자신의 턴에 이동과 한 가지 행동을 할 수 있습니다:

> **행동:** 행동은 스파크가 자기 턴에 하는 모든 일입니다. 보통 파워를 사용하는 경우가 대부분이지만, 암흑 예언자에게 기계 파편을 던지는 것처럼 환경과 상호작용하는 행동을 할 수도 있습니다.

> **이동:** 이동은 세세하게 따지는 대신, 추상적인 거리로 계산합니다. 스파크는 한 턴 동안 거리 한 단계를 이동해 목표물에 가까워지거나 멀어질 수 있습니다. 스파크는 경이로운 기술의 결정체이기 때문에, 벽을 달리거나, 수직 표면을 오르거나, 큰 틈새를 뛰어넘는 등 평범하지 않은 방법으로 이동할 수 있습니다.

거리

노바에서 거리는 네 단계로 구분합니다.

인접: 접근전 범위. 몇 발짝 내.

근거리: 보통 크기의 방 범위. 짧게 뛰어 다다를 수 있습니다.

원거리: 커다란 홀이나 공터, 긴 복도를 가로질러서 다다르는 범위.

저너머: 원거리보다 더 먼, 스파크가 닿을 수 있는 범위 너머를 모두 통칭.

각 스파크의 턴이 끝나면 GM의 턴입니다. GM은 GM 턴 동안 스파크들의 판정 결과 발생하는 대가를 적들의 대응으로 나타내어 묘사합니다. 자세한 내용은 GM 턴 항목을 참조하세요 **(p.9)**.

파워 사용하기

파워는 스파크마다 고유하게 지니는 능력입니다. 각 스파크는 자동 파워한 개와 전투 동안에 발동할 수 있는 발동 파워 네 개를 지닙니다. 발동 파워를 사용하려면 연료 1점을 소모한 다음, 해당 파워의 효과와 플레어 시스템에 따라 수정된 부분을 기반으로 결과를 처리합니다.

피해와 체력

캐릭터가 피해를 받으면 체력에서 피해 수치를 뺍니다. 체력이 0으로 떨어진 적은 사망합니다. 스파크는 체력이 0에 도달하면 초신성 상태에 돌입합니다. 초신성이 된 스파크는 강력한 파워를 발동한 다음 휴면에 빠집니다. 휴면에 빠진 스파크는 되살아날 때까지 행동할 수 없습니다.

휴면에 빠진 스파크를 되살리려면, 동료 중 누군가가 자기 행동을 사용해 스파크를 다시 일으켜야 합니다. 되살아난 스파크는 체력과 연료가 절반만큼 채워집니다 (소수점 반올림).

스파크는 정말로 강력한 전투용 슈트이므로, 온전히 죽을 확률은 매우 희박합니다. 스파크를 죽이는 규칙은 없습니다. 스파크의 죽음은 테이블에서 그런 대가를 원한다고 결정한 경우에만 가능합니다. 만약 죽음을 허용한다면, 태양이 파괴되듯이 스파크 역시 영광스럽게 최후를 불사를 수 있도록 해야 합니다.

턴 예시

플레이어 턴…

케건은 화염에 휩싸인 무자비한 사냥꾼 스파크 '파이어'로 플레이하고 있습니다. 케건의 턴이 오기 전에는 타이가 플레이하는 스파크 '스코치'가 달의 교단 사교도들에게 불꽃을 퍼부었습니다.

케건은 사교도들에게 더 가까이 다가가기 위해 이동을 선언하고, 적들과의 거리를 원거리에서 근거리로 좁힌 다음 파이어의 파워인 종결을 사용합니다. 종결은 근거리 내에 있는 모든 부상당한 적에게 피해 1점을 주는 능력입니다. 케건은 파워를 발동하기 위해 연료 1점을 소모하고, 파이어가 사교도 사이를 돌진하며 검의 불길로 한 명씩 녹여버리는 모습을 묘사합니다. 피해를 받은 적을 GM이 기록한 후, 다음 스파크가 플레이합니다.

GM 턴…

각 스파크의 턴이 끝나면, GM은 GM 턴에 아래 행동을 합니다.

1. 스파크와 같은 수만큼 적을 선택한 다음, 액션을 발동하거나 스파크를 공격해 피해를 줍니다. 그런 다음 전투에서 발생한 중요한 변화를 묘사하세요. 중요한 변화로는 적 전술의 변경이나 지원군 도착, 주변 환경 파괴, 혹은 스파크가 다음 턴에 행동할 때 전술을 바꿔야 할 사건 등이 있습니다.

2. 전리품 생성: 전리품은 죽은 적이 생성하는 물자로, 스파크가 체력과 연료를 회복하는 데 사용할 수 있습니다. 처치한 적마다 d6을 굴리세요.

A. 1-2: 전리품 없음

B. 3-5: 연료 1점

C. 6: 체력 1점

> 스파크들은 해당 라운드에 생성된 전리품을 누가 받을지 결정해야 합니다. 아무도 선택하지 않은 전리품은 사라집니다.

GM 턴이 끝나면 이전 라운드가 끝나고 새로운 라운드가 시작되며, 먼저 행동하기를 원하는 스파크가 턴을 실행하면서 순환되는 절차를 이어 나갑니다. 스파크들은 번갈아 가며 턴을 실행하세요. 모든 스파크가 턴을 실행한 다음 GM이 전투 상황을 새롭게 갱신하세요.

전투가 끝난 후…

전투가 끝나면 GM이 전리품을 생성하고, 임무를 계속 진행합니다!

캐릭터 만들기

새로운 새벽을 맞이할 준비가 되었다면

여러분의 스파크를 제작하세요

1. 스파크 선택

스파크는 금속과 육체를 결합한 전쟁 병기입니다. 각 스파크에 대한 설명은 다음 페이지부터 찾을 수 있습니다. 임무 수행 중 부대원들이 부르는 명칭인 콜사인을 정하고 캐릭터 시트에 적으세요. 잠시 시간을 내어 스파크의 외형을 설명하세요.

2. 스파크 수치 설정

모든 스파크는 세 가지 능력치를 (태양, 달, 그늘) 각각 1로 시작합니다. 총 4점을 사용해 능력치를 추가로 높이세요. 캐릭터 제작 때 각 능력치의 최대 수치는 4입니다.

모든 스파크의 시작 체력과 연료는 2입니다. 총 8점을 사용해 체력과 연료를 추가로 높이세요. 체력과 연료가 증가할 때마다 캐릭터 시트의 해당 칸을 칠합니다.

3. 플레어 장착

각 스파크는 플레어 시스템을 갖춥니다. 플레어는 기체를 개조하여 스파크에게 지속적인 이점을 제공하고 파워 작동 방식을 변경하는 개조 시스템입니다. 플레어를 두 개 선택해서 캐릭터 시트에 추가하세요. 플레어는 **p.29**에서 자세히 설명합니다.

4. 여러분의 파일럿 만들기

파일럿은 스파크에 탑승하지 않았을 때의 여러분 자신입니다. 파일럿의 외형을 설명하고, 캐릭터 시트에 파일럿의 이름과 성별을 적습니다.

> ### 그다음은?
> 곧바로 임무를 시작하려면, **p.35**의 임무 제작 규칙이나 **p.61**의 예시 임무를 보세요. 다 함께 힘을 합쳐서 **노바**의 세계를 만들려면, **p.30**의 첫 세션 규칙을 보세요.

PYRE
파이어

황혼땅의 무시무시한 어둠 속에서 돌아온 최초의 정찰대원들은 괴물 같은 야수들과 끔찍한 사교도에 대한 이야기를 들려주었고, 인류는 이들을 사냥할 무기, 즉 파이어를 만들었습니다. 예전에는 황혼땅의 존재들이 다가올 때 도망쳐야 했지만, 이제는 맞서 싸울 수 있습니다.

파이어는 단일 목표에 강력한 피해를 주며 기동성도 뛰어납니다. 여러분은 폭력을 써야 하는 때라면 모든 상황에 적합한 기술을 구사할 수 있습니다.

자동 파워:

> **참격:** 태양검으로 맹렬하게 내리칩니다. 턴 시작마다 인접한 적 1명에게 피해 1점을 줍니다.

발동 파워:

> **질주:** 목표를 하나 지정해 돌진합니다. 인접한 적 1명에게 피해 2점을 줍니다. 질주를 발동하기 전에 이동했다면 피해 3점을 줍니다.

> **화염의 호:** 태양검으로 둥글게 화염을 발산합니다. 인접한 모든 적에게 피해 1점을 줍니다.

> **종결:** 들불처럼 지면을 질주하여, 근거리 내에 있는 모든 부상당한 적에게 피해 1점을 줍니다.

> **추격탄:** 원거리에 있는 적 1명에게 불타는 창을 던져 피해 1점을 줍니다. 다음 라운드가 시작할 때, 여러분은 즉시 해당 적 옆으로 순간이동할 수 있습니다.

초 신 성 :

> **화염폭풍:** 적 1명을 거리에 상관없이 선택하세요. 목표에 이동해서 인접한 다음 여러분의 태양+달 수치만큼 피해를 줍니다.

지 속 / 플 레 어

◆**분노:** +1 태양

◆**분노:** +1 태양

◆**냉기:** +1 그늘

◆**원천:** +1 연료

◆**장갑:** +1 체력

◆**장갑:** +1 체력

◆**머큐리:** 한 턴에 2회 이동 가능.

◆**연마:** 참격 피해 +1.

◆**고속 베기:** 참격 목표를 2명으로 늘릴 수 있습니다.

◆**보복:** 참격 파워는 턴 시작뿐만 아니라, 캐릭터가 매번 피해를 받을 때도 발동합니다.

파 워 / 플 레 어

◆**탐지기:** +1 거리

◆**치명적:** +1 피해

◆**치명적:** +1 피해

◆**효율적:** 연료를 소비하지 않습니다.

◆**대비:** 전투에서 처음 이 파워를 쓸 때, 행동으로 간주하지 않습니다.

◆**오버클럭:** 연료 1점을 추가로 사용해 피해를 두 배로 늘립니다.

◆**휩쓸기:** 질주를 발동할 때, 목표와 인접한 모든 적도 피해를 받습니다.

◆**발화:** 화염의 호에 공격당한 적은 해당 라운드에 행동하면 피해 1점을 받습니다.

◆**상전이:** 종결은 피해 1점 대신 캐릭터의 달 수치만큼 피해를 줍니다.

◆**고정:** 추격탄 목표는 이번 라운드에 행동하지 못합니다.

SCORCH
스코치

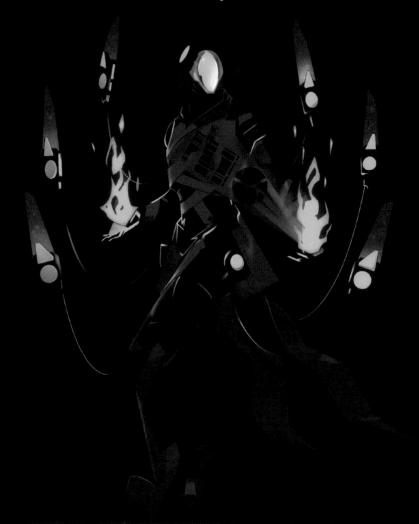

태양샘 기술에 대한 이해의 폭이 넓어지면서, 스파크 기술 역시 더욱 확장 되었습니다. 다수의 태양 파편으로 무장한 스코치는 죽은 태양의 분노를 구현한 스파크입니다. 그저 손가락을 튕기기만 해도 화염을 일으키는 스코치는 점점 잠식해 오는 황혼땅의 위협을 격퇴하는 데 필수적인 존재입 니다.

스코치는 전장을 불바다로 만들어야 합니다. 비록 여러분의 주요 목표는 적을 불태우는 것이지만, 동료가 연료를 보충하고 싸울 준비를 갖추도록 돕는 역할 역시 여러분의 몫입니다.

자동 파워:

> **통제된 방화:** 적이 만든 자원을 바꿉니다. GM 턴마다 한 번, 전리품 하나를 다른 종류로 바꿀 수 있습니다 (예: 체력에서 연료로).

발동 파워:

> **불꽃의 몸:** 스파크가 화염에 휩싸입니다. 여러분과 인접한 적은 누구든지 피해 2점을 받습니다. 불꽃은 여러분의 다음 턴이 끝날 때까지 지속됩니다.

> **분출:** 땅에서 화염 기둥이 솟아오릅니다. 근거리 내에 있는 목표에 피해 2점을 주고, 목표와 인접한 모든 대상에게 피해 1점을 줍니다.

> **소멸:** 부상당한 적 1명에게 태양의 분노를 쏟아붓습니다. 부상당한 적 1명을 거리에 상관없이 선택하세요. 목표는 그늘 수치만큼 피해를 받습니다.

> **불쏘시개:** 사방으로 태양의 파편을 발사합니다. 거리에 상관없이 태양 수치 이하로 목표를 선택하세요. 목표가 된 적은 피해 1점을 받고, 목표가 된 동료는 체력 또는 연료 1점을 받습니다.

초 신 성:

> **영광과 불꽃:** 두 개의 불꽃 파도가 여러분의 몸에서 방출됩니다. 하나는 거칠고 살기 등등하며, 다른 하나는 찬란하게 빛납니다. 모든 부상당한 적은 즉시 태양 수치만큼 피해를 받습니다. 모든 동료는 그늘 수치만큼 체력을 회복합니다.

지 속 / 플 레 어

◆**분노:** +1 태양

◆**순환:** +1 달

◆**냉기:** +1 그늘

◆**원천:** +1 연료

◆**원천:** +1 연료

◆**장갑:** +1 체력

◆**태양 폭발:** 매 라운드 전리품 하나를 폭발시켜서 인접한 모든 적에게 피해 2점을 줄 수 있습니다.

◆**점화:** GM 턴마다 전리품을 하나 대신 두 개 바꿀 수 있습니다.

◆**조정:** 여러분 자신이 받는 전리품은 체력으로든 연료로든 사용할 수 있습니다.

◆**풍족:** 여러분이 죽인 적은 GM 턴에 전리품 2개를 생성합니다.

파 워 / 플 레 어

◆**탐지기:** +1 거리

◆**치명적:** +1 피해

◆**치명적:** +1 피해

◆**치명적:** +1 피해

◆**효율적:** 연료를 소비하지 않습니다.

◆**냉정함:** 해당 파워에 적용하는 능력치를 아무거나 선택할 수 있습니다.

◆**방출:** 불꽃의 몸이 끝날 때, 불꽃을 방출하여 근거리 내의 모든 적에게 피해 1점을 줍니다.

◆**불의 벽:** 분출로 만든 화염 기둥이 (달 수치) 라운드만큼 지속됩니다. 화염 기둥에 인접하는 대상은 모두 피해를 1점 받습니다.

◆**흡수:** 소멸로 목표를 죽이면, 여러분은 연료 1점을 받습니다.

◆**비축:** 현재 연료 수치만큼 불쏘시개 목표를 선택합니다.

14

VOYAGER
보이저

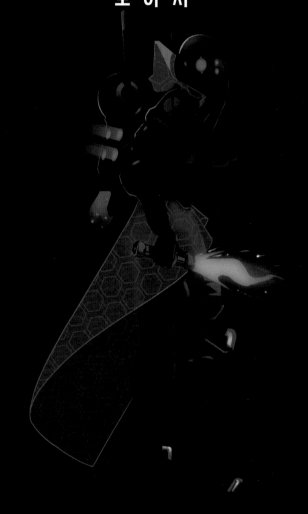

최초로 제작한 스파크인 보이저는 재빠른 이동과 은신 능력을 발휘해서 수색과 정찰 임무를 수행하도록 만들었습니다. 황혼땅은 시시각각 변화하는 심연입니다. 보이저가 없었다면 우리가 과연 누구를 상대하고 있는지 전혀 알 수 없었을 것입니다. 오직 미지의 땅으로 두려움 없이 들어가는 특별한 이들만이 보이저에 탑승합니다.

보이저는 적에게 표식을 남기고 공격을 유도하여 부대원들을 돕는 역할을 맡습니다. 보이저는 무작정 적에게 피해를 주기보다는 전투 상황을 조종하고 통제하는 데에 능합니다.

자동 파워:

> **표식:** 고급 추적 시스템을 사용하여 적을 탐지합니다. 턴 시작마다 2명의 적을 선택해 표식을 남기세요. 표식은 소모될 때까지 계속 남지만, 여러 개의 표식이 겹치지는 않습니다.

발동 파워:

> **탐색:** 초소형 폭발물을 공중으로 뿌립니다. 표식이 있는 적 1명을 선택하세요. 상대는 다음 라운드가 시작될 때까지 모든 피해를 1점 더 받으며, 표식을 소모합니다.

> **파괴:** 유도 폭발물을 발사합니다. 표식이 있는 모든 적은 피해 2점을 받으며, 표식을 소모합니다.

> **홀로스파크:** 스파크의 가짜 홀로그램을 근거리 내에 하나 배치합니다. 표식이 있는 적들은 해당 홀로그램을 공격 목표로 삼습니다. 홀로그램은 해당 라운드가 끝나면 사라지며, 홀로그램에 속은 적들은 표식을 소모합니다.

> **바꿔치기:** 슈트가 위상 이동을 개시하면서 양자 끌어당김 현상을 일으킵니다. 근거리, 또는 원거리 내에 위치한 표식이 있는 적 1명과 자리를 바꾸세요. 적은 표식을 소모합니다.

초 신 성:

> **SOS 일제 사격:** 달 수치만큼 태양 파편을 일제히 발사합니다. 각 파편은 거리와 관계없이 적을 맞출 수 있으며, 피해를 2점씩 줍니다.

지 속 / 플 레 어

◆**순환:** +1 달

◆**순환:** +1 달

◆**냉기:** +1 그늘

◆**냉기:** +1 그늘

◆**원천:** +1 연료

◆**장갑:** +1 체력

◆**음파 탐지기:** 2명 대신 3명에게 표식을 남길 수 있습니다.

◆**분석:** 표식이 있는 적은 여러분을 공격할 때 피해 1점을 덜 줍니다.

◆**충격:** 턴을 시작될 때 표식이 있는 적 1명을 선택합니다. 해당 적은 이번 라운드에 행동하지 못합니다.

◆**니트로:** 매 턴 파워 사용을 제외한 행동 하나를 추가로 할 수 있습니다.

파 워 / 플 레 어

◆**탐지기:** +1 거리

◆**치명적:** +1 피해

◆**효율적:** 연료를 소비하지 않습니다.

◆**대비:** 전투에서 처음 이 파워를 쓸 때, 행동으로 간주하지 않습니다.

◆**태그:** 해당 파워는 상대의 표식을 소모하지 않습니다.

◆**태그:** 해당 파워는 상대의 표식을 소모하지 않습니다.

◆**봉쇄:** 탐색 목표는 이번 라운드에 행동하지 못합니다.

◆**광역:** 파괴 목표와 인접한 모든 적은 피해 1점을 받습니다.

◆**고체 홀로:** 홀로스파크는 라운드가 끝날 때 폭발하며, 인접한 모든 적에게 피해 1점을 주고 표식을 남깁니다.

◆**가교:** 바꿔치기로 여러분 대신 동료와 적의 위치를 바꿀 수 있습니다.

WARDEN

워든

황혼땅으로 나온 대상단과 스파크 부대는 가장 끔찍한 적들의 시선을 모읍
니다. 워든은 일행을 보호하고, 인류의 적을 분쇄합니다. 워든의 파일럿들
은 보호 대상을 지키기 위해 자신들이 황혼땅의 괴물들 앞으로 나서야 한
다는 사실을 알고 있으며, 자랑스럽게 임무를 수행합니다.

워든은 전장에서 동료를 지키고 적을 압박하는 스파크입니다. 여러분은 아
군이 피해를 버티도록 돕고, 황혼땅을 가로질러 돌진하면서, 친구들을 해
치려는 자들에게 도전의 함성을 외칠 준비를 해야 합니다.

자 동 파 워 :

> **거침없음:** 적들은 여러분의 모습만 보고도 벌벌 떱니다. 여러분은 이동하는 동안, 인접한 적 1명을 기절시킵니다. 상대는 남은 라운드 동안 행동할 수 없습니다.

발 동 파 워 :

> **방벽:** 펼쳐지는 방패를 지면에 박습니다. 여러분과 모든 인접한 동료는 라운드가 끝날 때까지 적의 피해를 1점 덜 받습니다.

> **황소 돌격:** 막을 수 없는 힘으로 돌진합니다. 근거리 위치 한 군데를 지정해 달려드세요. 가는 길에 있는 모든 적에게 피해 1점을 줍니다. 여러분은 황소 돌격과 별도로 이동도 할 수 있습니다.

> **으깨어 던지기:** 인접한 적 1명을 손아귀로 으깨어 피해 2점을 준 다음, 근거리 위치 한 군데로 던집니다. 해당 위치에 있는 모든 적은 피해 1점을 받습니다.

> **여기 있노라:** 적에게 도전의 함성을 외치며, 태양 수치만큼 체력을 회복합니다. 근거리에 있는 모든 적은 여러분의 다음 턴이 시작될 때까지 여러분을 공격해야 합니다.

초 신 성 :

> **지진:** 지면에 충격파를 일으킵니다. 태양 수치만큼 목표를 정해 피해 2점을 줍니다. 상대는 이번 라운드 동안 기절합니다.

지 속 / 플 레 어

◆**분노:** +1 태양

◆**분노:** +1 태양

◆**냉기:** +1 그늘

◆**원천:** +1 연료

◆**장갑:** +1 체력

◆**장갑:** +1 체력

◆**저항:** 매 턴 체력 1점을 회복합니다.

◆**충격파:** 거침없음으로 총 2명의 적을 기절시킵니다.

◆**휩쓸기:** 여러분이 이동하지 않으면, 인접한 모든 적은 이번 라운드에 행동하지 못합니다.

◆**충돌:** 거침없음으로 기절한 적들은 피해를 2점 받습니다.

파 워 / 플 레 어

◆**탐지기:** +1 거리

◆**탐지기:** +1 거리

◆**치명적:** +1 피해

◆**치명적:** +1 피해

◆**효율적:** 연료를 소비하지 않습니다.

◆**대비:** 전투에서 처음 이 파워를 쓸 때, 행동으로 간주하지 않습니다.

◆**반사:** 방벽으로 보호하는 동료를 공격하는 적에게 피해 1점을 줍니다.

◆**운반:** 황소 돌격을 할 때 인접한 동료 1명을 데리고 이동할 수 있습니다.

◆**안전핀 제거:** 으깨어 던지기로 죽인 적은 부딪히면 폭발하여 해당 위치에 있는 적들에게 피해 3점을 줍니다.

◆**위협:** 여기 있노라를 발동할 때, 정예가 아닌 적들이 여러분을 공격하는 대신 도망치도록 조종할 수 있습니다.

P Ⓜ X
팍 스

팍스는 인류가 전염병과 바이러스를 연구하며 배운 지식을 무기로 삼아 황혼땅의 위험과 맞서 싸우기 위해 만든 스파크입니다. 빠르게 퍼지고, 끊임없이 진화하고, 다양한 방법으로 전염되는 세균을 다루는 이 스파크는 가장 강력한 적들을 대비해 만든 슈트입니다. 비록 수단은 의심스러운 부분이 많지만, 그 효과는 누구도 의심할 수 없습니다.

팍스는 전투에서 가능한 한 많은 적을 감염시켜 계속 피해를 주는 것을 목표로 삼습니다. 충분한 수의 적을 감염시키면 질병의 효과는 무척 강력해지며, 심지어는 투쟁 또는 도주 반응을 일으킬 수도 있습니다.

사 총 파 워:

> **악성 질병:** 전염병이 서서히 모든 것을 파괴합니다. 전투가 시작될 때 적 1명을 감염시킵니다. 감염된 적은 여러분의 턴이 시작될 때 피해를 1점 받습니다.

발 동 파 워:

> **감염:** 전염병 폭탄을 던집니다. 근거리 내에 있는 적 1명을 감염시킵니다.
> **확산:** 전염병을 널리 퍼뜨립니다. 감염된 적 1명을 목표로 정하세요. 목표와 인접한 모든 적을 감염시킵니다.
> **증상:** 감염자의 운명을 결정합니다. 감염된 적 전원에게 이번 라운드 동안 다음 중 한 가지 효과를 적용합니다: 자신이 가하는 피해 -1, 받는 피해 +1, 이동 불가.
> **투쟁 또는 도주:** 질병은 예측할 수 없는 행동을 유발합니다. 모든 감염된 적은 즉시 가장 가까이 있는 자기 동료에게 피해를 주거나 한 라운드 동안 여러분에게서 도망칩니다. GM이 선택하세요.

초 신 성:

> **질병의 근원:** 모든 감염된 적은 감염된 적의 총 수만큼 피해를 받습니다. 피해를 받은 후, 감염이 모두 끝납니다.

지 속 / 플 레 어

◆**분노:** +1 태양

◆**순환:** +1 달

◆**냉기:** +1 그늘

◆**원천:** +1 연료

◆**원천:** +1 연료

◆**장갑:** +1 체력

◆**지명적:** 악성 질병은 감염된 적에게 피해 2점을 줍니다.

◆**역병의 기수:** 악성 질병은 적 3명을 감염시킵니다.

◆**매개체:** 라운드마다 한 번, 인접한 적 1명을 감염시킵니다.

◆**진화:** 증상의 효과 중 하나를 선택해 모든 감염된 적에게 영구하게 적용합니다. 선택한 효과는 이제 증상의 효과로 중복 선택할 수 없습니다.

파 워 / 플 레 어

◆**탐지기:** +1 거리

◆**탐지기:** +1 거리

◆**효율적:** 연료를 소비하지 않습니다.

◆**대비:** 전투에서 처음 이 파워를 쓸 때, 행동으로 간주하지 않습니다.

◆**정신 분할:** +1 목표

◆**정신 분할:** +1 목표

◆**아드레날린:** 감염 목표는 즉시 투쟁 또는 도주의 효과를 받습니다.

◆**바이러스 연결:** 확산 목표는 새로 감염된 적의 수만큼 피해를 받습니다.

◆**혼탁함:** 증상 효과로 다음 선택지를 추가합니다: 적들은 목표에 인접해야만 피해를 줄 수 있습니다.

◆**이중 나선:** 적들은 투쟁 또는 도주의 효과를 둘 다 받습니다.

FLARE

20

G R I M
그 림

그림이 발휘하는 힘의 원리는 철저히 비밀에 부쳐져 있습니다. 전장에서 그림은 막 죽은 자를 되살려 꼭두각시처럼 조종할 수 있는 것으로 보입니다. 이처럼 논란의 여지가 많은 능력을 고려할 때, 그림은 쉽사리 배치되는 스파크가 아닙니다. 그림을 타기로 한 파일럿은 이러한 행동에 악명이 따른다는 것을 잘 알며, 그중 많은 이들은 악명을 기꺼이 받아들입니다.

그림은 죽은 자를 되살려 복종시키는 힘을 발휘합니다. 시체들의 끈을 잡아당겨 적을 공격하게 하세요. 뼛속까지 떨리는 으스스한 절규의 합창을 불러일으키세요.

자동 파워:

> **망자 일으키기:** 라운드마다 한 번, 적 1명이 죽을 때마다 여러분은 즉시 죽은 이를 노예로 부릴 수 있습니다. 노예는 체력 1점이 되어 되살아나며, 여러분은 파워를 사용해 노예를 행동시킬 수 있습니다. 노예는 별도의 플레이어를 사용하지 않는 한 이동할 수 없습니다. 여러분은 그늘 수치만큼 노예를 부릴 수 있습니다.

발동 파워:

> **끈 당기기:** 노예에게 공격 명령을 내립니다. 노예는 인접한 적 1명을 공격해 원래 능력대로 피해를 줍니다.

> **흡수:** 인접한 노예 1명을 희생합니다. 해당 노예는 자신의 최대 체력만큼 전리품을 (체력이나 연료) 생성합니다. 여러분의 동료 중 누구든지 해당 전리품을 얻을 수 있습니다.

> **지배:** 근거리 내에 있는 적 1명에게 피해 2점을 준 다음, 반드시 따라야 하는 명령 한 가지를 내립니다.

> **귀곡성:** 모든 노예가 허공에 비명을 지릅니다. 노예들과 인접한 모든 적은 공포에 질려 움츠러들어 GM 턴 동안 행동할 수 없습니다.

초 신 성:

> **죽음의 저주:** 여러분의 노예들이 죽음의 저주로 폭발합니다. 노예들과 인접한 모든 적은 피해 2점을 받습니다.

지 속 플레어

◆**분노:** +1 태양

◆**순환:** +1 달

◆**냉기:** +1 그늘

◆**원천:** +1 연료

◆**장갑:** +1 체력

◆**건설가:** +1 노예 체력

◆**힘줄 봉합:** 노예는 태양 수치만큼 체력을 가지고 살아납니다. 원래의 최대 체력을 넘을 수는 없습니다.

◆**매료:** 라운드마다 한 번이 아니라, 적이 죽을 때마다 노예를 만들 수 있습니다.

◆**죽음의 춤:** 여러분의 턴에 노예 1명이 이동할 수 있습니다.

◆**울부짖는 자:** 어떤 이유로든 노예가 죽으면, 그 위치에서 귀곡성 효과를 발동합니다.

파 워 플레어

◆**탐지기:** +1 거리

◆**탐지기:** +1 거리

◆**효율적:** 연료를 소비하지 않습니다.

◆**대비:** 전투에서 처음 이 파워를 쓸 때, 행동으로 간주하지 않습니다.

◆**정신 분할:** +1 목표

◆**정신 분할:** +1 목표

◆**베 파는 자:** 그늘 수치 이하의 노예가 끈 당기기로 행동할 수 있습니다.

◆**의식:** 흡수로 희생된 노예가 인접한 적들을 저주합니다. 저주받은 적들은 여러분의 다음 턴까지 받는 피해 +1, 자신이 가하는 피해 -1 중 하나의 효과를 받습니다. 여러분이 선택하세요.

◆**공포:** 지배 목표와 인접한 모든 적은 피해 1점을 받고 이번 라운드에 이동할 수 없습니다.

◆**집결의 함성:** 귀곡성을 발동한 노예와 인접한 동료 한 명이 이번 라운드에 턴을 한 번 더 실행합니다.

DRIFTER
드리프터

옛 지구의 기술이 발굴되고 연구되면서, 사람들은 옛 기술을 태양 파편의 새로운 힘과 융합했습니다. 드리프터는 불타는 태양빛 탄환을 발사하는 명사수이며, 어떤 전투 상황에도 적응할 수 있도록 무장을 갖췄습니다. 드리프터만큼 다재다능한 스파크는 거의 없습니다.

드리프터는 다양한 상황에서 효과적으로 활약할 수 있지만, 그 강점을 잘 살리려면 자기 역할을 적절히 찾는 능력이 필요합니다. 팔방미인은 어느 방면에서도 최고는 될 수 없기 때문에, 여러분은 자신이 어떤 명사수가 되고 싶은지, 그리고 여러분 부대가 무엇을 필요로 하는지 파악해야 합니다.

자동 파워:

> **탄창 비우기:** 상황이 힘들어 보이면 큰 총을 꺼내세요. 여러분 턴이 끝날 때 연료가 0점이면 초신성을 발동할 수 있습니다. 그다음 연료 3점을 얻습니다.

발동 파워:

> **리볼버 패닝:** 눈 깜짝할 사이에 무수한 총알을 발사합니다. 현재 연료 수치와 동일한 수의 인접한 목표를 선택합니다. 각 목표는 피해 1점을 받습니다.

> **지향사격:** 태양의 분노를 실어 발사합니다. 근거리 내에 있는 목표에 태양 수치만큼 피해를 줍니다.

> **결투:** 적을 골라 도전하세요. 최대 근거리 내에 있는 적 1명을 선택한 다음, 달 수치만큼 피해를 줍니다. 만약 적이 살아남으면, 적은 여러분에게 적의 원래 능력대로 피해를 줍니다.

> **조준:** 안전하다고 방심하는 적을 조준하세요. 원거리에 있는 적 1명을 선택해 그늘 수치만큼 피해를 주거나, 원거리에 있는 그늘 수치만큼 적을 선택해 피해를 1점씩 줍니다.

초신성:

> **총알 지옥:** 태양빛 탄환으로 하늘을 가득 채우세요. 거리 하나를 선택합니다. 해당 거리에 있는 모든 적에게 피해 2점을 줍니다.

지속 / 플레어

◆**분노:** +1 태양

◆**순환:** +1 달

◆**냉기:** +1 그늘

◆**유출:** -1 연료

◆**유출:** -1 연료

◆**장갑:** +1 체력

◆**소형 연료통:** 탄창 비우기로 연료 3점 대신 2점을 얻습니다.

◆**피의 탄환:** 전리품 중 연료를 체력으로 간주해서 선택할 수 있습니다.

◆**머큐리:** 한 턴에 2회 이동 가능.

◆**총알 폭풍:** 초신성을 발동하면 피해 2점 대신 4점을 줍니다.

파워 / 플레어

◆**오버클럭:** 연료 1점을 추가로 사용해 피해를 두 배로 늘립니다.

◆**오버클럭:** 연료 1점을 추가로 사용해 피해를 두 배로 늘립니다.

◆**태양빛:** 태양 수치를 대신 사용합니다.

◆**달빛:** 달 수치를 대신 사용합니다.

◆**어스름:** 그늘 수치를 대신 사용합니다.

◆**대비:** 전투에서 처음 이 파워를 쓸 때, 행동으로 간주하지 않습니다.

◆**총열 강화:** 리볼버 패닝으로 현재 연료 수치와 동일한 피해를 줍니다.

◆**폭발:** 지향사격으로 목표와 인접한 모든 적에게도 피해를 줍니다.

◆**명사수:** 라운드마다 한 번, 결투로 적을 죽이면 행동 소모 없이 즉시 다시 결투를 발동할 수 있습니다.

◆**튕겨 맞추기:** 조준으로 한 명의 목표를 노려서 죽이면, 목표와 인접한 적 1명에게 그늘 수치만큼 피해를 줍니다.

S A N G U I N E
생귄

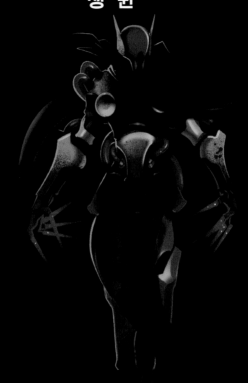

스파크가 황혼땅에서 적을 무찌르고 물자를 보급하는 일은 흔하지만, 오직 한 기종만이 완벽하게 자가 수리를 할 수 있습니다. 생귄은 황혼땅 바깥에 있는 적들을 찢고, 생명력을 빨아서 자신의 섬뜩한 힘의 연료로 사용합니다. 그저… 흡혈귀 농담만 더 하지 마세요. 생귄의 파일럿들은 이미 지긋지긋하게 들었으니까.

생귄은 동료들을 지원하는 역할과 적들을 피의 칼날로 찢어발기는 역할 사이를 오가며 활약합니다. 아무리 쓰러져도 생귄은 언제나 피에 가득 찬 분노로 돌아올 테니, 안심해도 좋습니다.

자 동 파 워 :

> **피의 힘:** 여러분의 피는 또 다른 자원일 뿐입니다. 여러분은 파워를 발동할 때 체력 1점을 소모해서 피의 효과를 얻을 수 있습니다.

발 동 파 워 :

> **수혈:** 생명은 다른 모든 것과 마찬가지로 교환 대상이 될 수 있습니다. 서로 인접한 목표 2명을 선택하세요. 한 목표에서 다른 목표로 체력 1점을 옮깁니다. **피의 효과:** 태양 수치만큼 체력을 옮깁니다.

> **흡수:** 적에게서 생명력을 바로 빨아들입니다. 인접한 적 1명에게 피해 1점을 주고 체력 1점을 얻습니다. **피의 효과:** 인접한 모든 적에게 흡수를 발동합니다.

> **피의 칼날:** 피로 만든 발톱으로 적들을 소용돌이처럼 휩씁니다. 체력 1점을 잃고 인접한 모든 적에게 피해 1점을 줍니다. **피의 효과:** 그늘 수치만큼 피해를 줍니다.

> **도가니:** 박쥐 떼로 변해 원거리 내의 원하는 위치로 이동합니다. 해당 위치에 있는 모든 인접한 적에게 피해 1점을 줍니다. **피의 효과:** 달 수치만큼 피해를 줍니다.

초 신 성 :

> **언데드:** 여러분은 강철 관 안에 틀어박힙니다. 죽을 때 아무 효과도 일어나지 않습니다. 하지만 여러분은 다음 라운드 시작 때 동료의 도움 없이 부활합니다. 부활할 때 흡수를 발동하세요. 흡수 발동은 행동으로 간주하므로, 그 턴에 여러분은 이동만 할 수 있습니다.

지 속 / 플 레 어

◆**분노:** +1 태양

◆**순환:** +1 달

◆**냉기:** +1 그늘

◆**원천:** +1 연료

◆**장갑:** +1 체력

◆**장갑:** +1 체력

◆**온기:** 체력 전리품을 얻으면 2점을 회복합니다.

◆**거머리:** 연료 전리품을 얻으면 체력도 1점 회복합니다.

◆**피의 부활:** 초신성으로 흡수를 발동할 때 피의 효과도 같이 사용합니다.

◆**움직이는 무덤:** 죽은 장소에서 근거리 내 아무 곳으로 이동해서 부활할 수 있습니다.

파 워 / 플 레 어

◆**탐지기:** +1 거리

◆**치명적:** +1 피해

◆**치명적:** +1 피해

◆**효율적:** 연료를 소비하지 않습니다.

◆**대비:** 전투에서 처음 이 파워를 쓸 때, 행동으로 간주하지 않습니다.

◆**피투성이:** 체력 소모 없이 피의 효과를 얻을 수 있습니다.

◆**기증:** 여러분과 동료는 수혈로 두 배의 체력을 회복합니다.

◆**원기회복:** 흡수로 적을 죽이면, 즉시 다른 파워를 발동할 수 있습니다. 발동하는 파워 역시 연료를 소모해야 합니다.

◆**날카로운 피:** 피의 칼날을 발동할 때 원하는 만큼 체력을 소모해서 그만큼 피해를 줄 수 있습니다.

◆**전장의 길:** 도가니를 발동하면 이동 경로에 있는 모든 적이 피해 1점을 받습니다.

INFERNAL

인 퍼 널

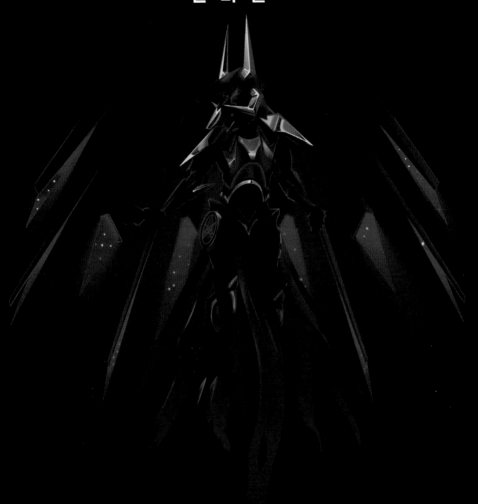

인류 대부분에게 태양의 폭발은 바로 세상의 종말이나 다름없었습니다. 하지만 새로운 스파크가 또 다른 종말을 예고하고 있습니다. 인퍼널은 마법과 기술이 뒤섞인 저주받은 결합체입니다. 인퍼널이 어디서 왔는지는 아무도 모릅니다. 어느 날, 하늘이 잠시 붉게 물들더니, 늘 흐릿하던 안개 낀 어둠이 한순간 걷히면서 인퍼널이 황혼땅에서 걸어 나왔습니다.

인퍼널은 전장을 봉쇄하고 황혼땅의 거주자들을 정죄하는 스파크입니다. 화염과 유황이 여러분을 감싸고 있으며, 여러분의 주의를 끄는 불행한 이들은 저주를 받아 여러분을 해치지 못할 것입니다.

자동 파워:

> **저주:** 여러분의 파워에 영향을 받는 적들은 저주받습니다. 저주받은 적들은 다음 번 스파크를 공격할 때 피해 1점을 더 준 다음, 그 두 배만큼 스스로에게도 피해를 줍니다. 그 후 저주는 제거됩니다.

발동 파워:

> **지옥불:** 적의 영혼에 손을 대어 불사릅니다. 인접한 적 1명에게 피해 3점을 줍니다. 지옥불로 적이 죽으면 폭발하며, 폭발대상과 인접한 다른 모든 적은 피해 1점을 받습니다.

> **유황:** 지면이 찢어지면서 바위와 재가 분출합니다. 근거리 내에 있는 목표 1명, 그리고 목표와 인접한 모든 적에게 피해 1점을 줍니다. 피해를 받은 모든 적은 라운드가 끝날 때까지 인접한 상대에게만 공격할 수 있습니다.

> **추방:** 적을 순간적으로 화염과 고통의 차원으로 이동시킵니다. 인접한 적 하나가 전투에서 사라졌다가, 여러분의 다음 턴이 끝날 때 돌아옵니다.

> **죄인의 올가미:** 가장 가까이 있는 적들의 몸을 묶어 영혼을 저주합니다. 달 수치만큼의 적들을 목표로 삼습니다. 목표는 이번 라운드에 행동할 수 없습니다.

초신성:

> **최후의 심판:** 인접한 모든 적은 지옥으로 끌려가 죽습니다.

지속 / 플레어

◆**분노:** +1 태양

◆**순환:** +1 달

◆**냉기:** +1 그늘

◆**원천:** +1 연료

◆**장갑:** +1 체력

◆**장갑:** +1 체력

◆**영원:** 적이 피해를 받아도 저주가 계속 남습니다. 다른 파워에 영향을 받는 적에게는 저주 효과가 중첩되지 않습니다.

◆**악마와 춤을:** 저주받은 적들은 여러분과 인접해 있을 때 피해 1점을 받습니다.

◆**세부 조항:** 저주받은 적들은 여러분에게 피해를 주지 못합니다.

◆**마지막 종:** 저주받은 적들은 거리에 관계없이 최후의 심판의 효과를 받습니다.

파워 / 플레어

◆**탐지기:** +1 거리

◆**치명적:** +1 피해

◆**치명적:** +1 피해

◆**효율적:** 연료를 소비하지 않습니다.

◆**정신 분할:** +1 목표

◆**정신 분할:** +1 목표

◆**백색 불꽃:** 지옥불로 죽인 적이 폭발할 때 태양 수치만큼 피해를 줍니다.

◆**균열:** 이제 유황은 여러분과 특정 원거리 지점 사이의 경로를 모두 찢습니다.

◆**차원 찢기:** 추방 대상이 돌아올 때, 해당 위치와 인접한 모든 적에게 그늘 수치만큼 피해를 줍니다.

◆**포박:** 죄인의 올가미 때문에 저주받은 적은 파워의 효과뿐만 아니라 피해 1점도 받습니다.

플레이어

모든 스파크는 파일럿의 개성에 맞게 제작됩니다. 자신이 이끌리는 스파크를 찾은 파일럿은, 도시의 장벽 너머에서 전투를 벌일 때 자신이 선호하는 방식에 맞게 해당 스파크를 개조합니다.

플레어 시스템은 플레이를 하면서 획득하고 활성화하는 개조 모음으로, 원하는 대로 스파크의 능력을 맞춤 제작하는 데 사용합니다. 각 플레이어는 캐릭터를 만들 때 스파크에 장착할 플레어를 두 개 선택합니다. 임무를 완수할수록 플레이어는 더 많은 플레어를 수집하여 스파크를 취향에 맞게 개조할 수 있습니다.

플레어 시스템에는 지속 플레어와 파워 플레어가 있습니다.

> **지속 플레어**는 스파크에 장착하면 능력이 자동으로 계속 발휘됩니다. 체력이나 연료, 스파크의 능력치 증가 등은 지속 플레어에 포함됩니다. 그 밖에 스파크의 자동 파워에 영향을 주거나 전투 방식을 바꾸는 지속 플레어도 있습니다.

> **파워 플레어**는 각 발동 파워에 장착해서 파워의 효과를 높이거나 작동 방식을 완전히 바꿉니다. 일부는 모든 파워에 장착할 수 있지만, 어떤 플레어는 특정 파워에만 장착할 수 있습니다. 스파크는 파워마다 최대 두 개의 플레어를 장착할 수 있으며, 이후 추가로 플레어를 더 잠금 해제하고 이리저리 섞으면서 플레이 스타일에 맞는 조합을 찾을 수 있습니다.

잠금 해제한 모든 플레어는 캐릭터 시트에 기록합니다. 시트에 기록한 플레어는 모두 사용할 수 있지만, 각 임무에 나설 때는 어떤 플레어를 장착할지 정해야 합니다. 플레어 교체와 설치는 임무 시작 때 실시합니다 (p.33).

발전

플레어 시스템은 임무가 끝난 후 캐릭터를 발전시키는 방법이기도 합니다. 임무가 끝나면 각 스파크는 자기 기종의 플레어 시스템을 하나씩 잠금 해제합니다. 잠금 해제한 플레어는 나중에 사용할 수 있도록 캐릭터 시트에 추가해야 합니다.

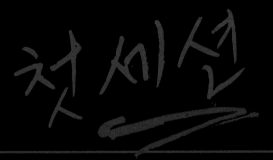

첫 세션

첫 세션에서는 임무와 캠페인의 토대를 마련하기 위해 여러분이 플레이할 게임 무대의 세부 사항을 정하는 데 시간을 쓸 수 있습니다. 첫 세션에서 이 모든 단계를 거칠 필요는 없지만, 함께 게임을 시작하기 전에는 서로 무엇을 기대하는지 다른 플레이어들과 항상 의견을 나누어야 합니다.

안전 수칙 세우기

롤플레잉 게임은 다 함께 이야기를 만드는 흥미로운 기회이지만, 다른 플레이어들이 편안하게 즐길 수 있는 환경을 조성해야 한다는 점을 항상 염두에 두세요. 노바는 액션과 전투가 중심이 되는 게임이기 때문에, 플레이 중 폭력은 예사롭게 발생할 것입니다. 참가자 전원은 이 점을 어떻게 생각하는지, 폭력이 무의미해지지 않도록 어떻게 개연성을 만들지 논의해야 합니다.

또한 편하게 사용할 수 있는 안전 수칙을 사용하세요. 인터넷에는 다양한 수칙과 자료가 있습니다. 우선 TTRPG 세이프티 툴킷(bit.ly/ttrpgsafetytoolkit, 영문)을 살펴보기를 추천합니다.

캠페인 길이 GM 역할

노바의 일반적인 세션은 빠르면 한 시간 안으로도 끝날 수 있습니다. 여러분은 세션 동안 위험천만한 임무를 흥미진진하게 플레이하고 매듭지어야 합니다.

노바의 "공식적인" 캠페인 길이는 정해져 있지 않습니다. 얼마나 오래 플레이할지 다 함께 논의하세요! 각자 기대치가 다를 수 있으므로, 우선 서로 같은 생각을 가지고 있는지 확인하는 것이 좋습니다!

매 세션마다 플레이어 한 명이 GM을 맡아야 하지만, 매번 같은 사람이 맡을 필요는 없습니다! 임무를 중심으로 하는 노바의 플레이 방식을 고려하면 각 세션마다 다른 플레이어가 GM을 맡을 수도 있으며, 스파크 역시 누가 플레이하는지에 따라 교대할 수 있습니다.

스파크 만들기

아직 스파크를 만들지 않았다면 p.10에 있는 규칙에 따라 함께 만들어 보세요. 캐릭터 제작 과정은 무척 빠르게 진행되며, 서로를 더 잘 알 기회가 됩니다. 돌아가면서 다른 플레이어가 만든 스파크의 내력과 특징, 평판 등에 대해 서로 질문하세요. GM이 앞장서서 주도할 필요는 없습니다. 플레이어들은 모두 함께 임무를 수행하기 때문에, 분명 동료들을 더 많이 알고 싶어 할 테니까요.

다음은 몇 가지 질문 예시입니다:

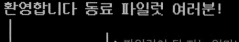

환영합니다 동료 파일럿 여러분!

> 파일럿이 된 지는 얼마나 됐나요?

> 항상 이 스파크만 사용했나요, 다른 기종도 사용해 보려 했나요?

> 이 스파크가 어떤 점에서 끌렸나요?

> 여러분의 스파크를 같은 기종의 타 스파크와 어떤 점에서 차별화되도록 만들었나요?

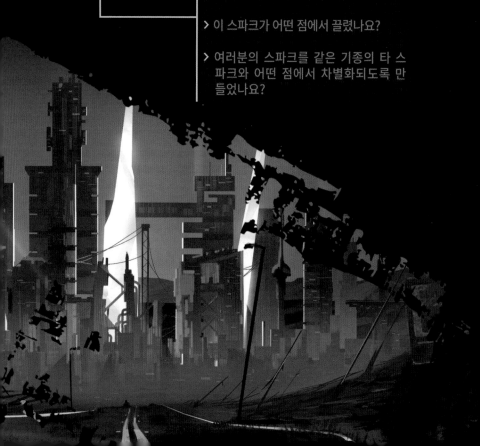

도시 만들기

스파크를 만들고 팀을 이루었으니, 이제 여러분이 지킬 도시를 논의해야 합니다. 모든 스파크 부대는 어느 한 도시에 배치되므로, 해당 도시에 대한 몇 가지 사항을 정립하면 앞으로 수행할 임무를 여러분의 플레이에 어울리도록 맞추는 데 도움이 됩니다. 첫 세션에서 모든 사항을 파악할 필요는 없습니다! 그저 도시의 기본 사항을 확립한 다음 시간이 지나면서 쌓아 올리세요.

먼저 정착지 크기부터 결정하세요. 사방으로 뻗은 대도시는 거대한 태양 파편을 둘러싸고 있으며, 파편이 작을수록 더 작고 서로 긴밀하게 얽힌 마을이 형성됩니다. 여러분의 도시는 얼마나 크나요? 도시 이름은 무엇인가요?

다음으로, 도시의 주요 인물과 파벌, 기타 조직을 설정하세요. 각 플레이어는 돌아가면서 자신이 아는 사람 중 파일럿과 개인적으로 연이 있고 도시에서 중요한 역할을 하는 인물 한 명을 만들어서 설명합니다. 그런 다음, 자신과 연이 있으며 영향력도 있는 파벌이나 조직도 하나씩 만들어서 설명합니다.

각 인물과 집단이 정해지면, 플레이어들은 자유롭게 후속 질문을 할 수 있습니다. 모든 세부 사항을 알 필요는 없지만, 이 사람들이 서로 어떤 관계를 맺고 도시를 건설했는지 더 자세히 살펴볼 수 있습니다.

황혼땅

황혼땅은 아직 많은 부분이 잘 알려지지 않은 지역이지만, 스파크들은 어느 정도 이 땅에 익숙합니다. 각 플레이어는 최근 수행했거나 인상 깊었던 임무를 설명하세요. 스파크들은 황혼땅에서 무엇을 보았나요?

황혼땅의 어떤 부분을 가장 관심 있게 탐구하고 싶은지 서로 의견을 교환하세요. 끊임없이 변화하는 황무지의 지도를 그리고 추적하는 데 집중하고 싶나요? 얼마 남지 않은 도시들 사이에서 물자 수송 경로와 무역로를 구축하는 건 어떤가요? 아니면, 여러분의 목적을 이루기 위해 달 파편을 찾고 있나요?

> **첫 임무**
> **이제 첫 임무에 나설 준비가 되었습니다!** 다음 장에서는 임무를 만들고 진행하는 법을 설명합니다. 행운을 빕니다.

스파크는 남은 태양 파편과 인류의 마지막 피난처를 지키는 임무에 파견됩니다. 임무는 다양한 형태와 목표가 있습니다. 어떤 임무에서는 재건 과정을 돕기 위해 옛 문명의 잔해에서 기술을 찾아야 하는 한편, 또 어떤 임무에서는 태양 파편을 완전히 소멸시키려는 자들을 무찔러야 합니다.

모든 임무는 세 단계로 구성됩니다: 브리핑, 출격, 결과 보고. 임무 생성 규칙은 p.35에서 자세히 설명합니다.

브리핑

브리핑은 GM이 임무를 제시하는 단계입니다. GM과 플레이어는 협력해서 임무에 무엇이 걸렸는지 정합니다.

브리핑에서는 임무의 필수 사항을 설명합니다: 위치, 현재 활동 중인 적 파벌, 주요 목표 등.

> **필수 사항을 설명한 다음, GM은 플레이어들에게 두 가지 질문을 던져서 임무에 무엇이 걸렸는지 정합니다.**
>
> ❯ 임무에 성공하면 도시는 무엇을 얻나요?
> ❯ 임무에 실패하면 도시는 어떤 나쁜 대가를 치르나요?

임무에 걸린 사항을 정한 다음, 플레이어들은 브리핑에서 얻은 정보를 바탕으로 스파크에 어떤 플레어를 장착할지 정할 수 있습니다. **임무 수행 중에는 플레어를 변경할 수 없으므로 현명하게 선택하세요.**

모든 스파크가 장착할 플레어를 정했으면, 이제 출격할 시간입니다!

출격

노바의 플레이 대부분은 출격 단계에서 이루어집니다. 스파크는 출격 단계에서 임무를 수행하고, 적과 싸우고, 오래된 폐허를 탐험하고, 놀라운 힘을 발휘합니다. 임무가 성공하거나 실패한 다음, 스파크는 도시로 돌아와 결과 보고를 합니다.

결과 보고

임무가 끝나면 스파크는 모든 체력과 연료를 회복하고, 캐릭터 성장을 합니다 (**p.29에서 자세히 설명합니다**). 그다음 임무 결과를 되돌아보세요.

먼저, 브리핑 단계에서 정한 임무의 성공과 실패 시 발생하는 일을 살펴봅니다. 임무가 성공했다면 성공 결과가 도시에 어떤 모습으로 반영되는지 테이블에서 다 함께 묘사하세요. 어떤 변화가 일어나나요? 도시 사람들은 어떤 영향을 받았나요? 반대로 임무가 실패했다면, 실패 결과가 도시에 어떤 모습으로 반영되나요? 사람들은 도시에 돌아온 스파크를 어떤 눈으로 볼까요?

모든 일이 다 처리된 다음, 스파크는 도시에서 일정 기간 휴식을 취하며 머물 수 있습니다. 스파크 조종은 힘들고 위험한 일이므로 격렬한 임무가 끝나면 긴장을 풀고 싶을 것입니다.

임무와 임무 사이에 스파크는 자신의 임무를 돌이켜보고 이 세상의 다른 캐릭터 및 파벌과 상호작용할 기회를 가집니다. **노바**에는 정해진 "막간" 규칙이 없습니다. 테이블에서 원하는 만큼 임무 사이의 시간을 플레이하세요.

다음은 임무와 임무 사이에 할 만한 몇 가지 일입니다:

> 지역 주민 돕기

> 이 지역의 적 동향 파악

> 스파크 수리 및 개조

> 친구나 가족, 파일럿과 가까운 사람과 시간 보내기

> 스트레스 해소

> 도시를 더 편안하고 정겹게 만들기

임무 제작하기

GM은 다음 표와 지침을 사용해 자신만의 임무를 만들 수 있습니다. 표를 굴려 임무를 무작위로 정하거나, 스파크에 어울리는 시나리오를 만들기 위해 직접 결과를 선택하세요.

구역

우선, 황혼땅의 어느 구역에서 임무를 수행할지 결정하세요. 구역에 따라 임무가 벌어질 장소와 등장할 적의 수가 결정됩니다.

> **> 황혼땅에는 세 가지 구역이 있습니다: 진홍 구역, 황혼 구역, 암흑 구역**
>
> > **1-2: 진홍 구역**
> > **3-4: 황혼 구역**
> > **5-6: 암흑 구역**

> **진홍 구역**은 도시의 튼튼한 장벽 밖, 태양 파편이 도시를 지켜주듯 발산하는 빛 바로 너머의 영역입니다. 이 구역은 안전한 도시가 보이는 범위 내에 있기 때문에 가장 덜 위험하며, 똑똑한 적들은 스파크와 멀리 거리를 유지하려 합니다.

> **황혼 구역**은 가장 크고 넓게 펼쳐진 미지의 영역입니다. 현지인들이 "황혼땅"을 언급할 때는 보통 이 구역을 의미합니다. 보이저들은 자주 황혼 구역을 찾아와 지도를 만들지만, 황혼 구역은 수시로 "변화하기" 때문에 정기적으로 정보를 갱신해야 합니다.

> **암흑 구역**은 그 존재를 아는 이들조차 거의 없는 영역입니다. 이 구역은 황혼땅에서 가장 깊숙하게 있으며 있으며, 아직 지도조차 없습니다. 암흑 구역은 세계에서 가장 위험한 장소로, 스파크들은 이곳에 거의 들어가지 않습니다. 암흑 구역을 향한 여정은 아무리 운이 좋더라도 위험하고 예측할 수 없는 여행을 피할 수 없으며, 최악의 경우 살아있는 악몽을 겪을 것입니다.

구역은 해당 장소에서 수행할 임무의 권장 "난이도"를 결정하기도 합니다. 난이도는 임무 동안 나타날 적의 체력 수치 총합으로 나타납니다. 아래 수치를 참고하세요. 어떤 임무에서는 체력이 높은 소수의 적을 상대해야 하는 한편, 다른 임무에서는 체력이 낮은 여러 무리의 적이 파도처럼 밀려 들어오는 경우도 있습니다.

진홍 구역: 50 체력

황혼 구역: 75 -100 체력

암흑 구역: 125 체력

임무 유형

임무는 네 가지 유형으로 분류합니다: 공격, 정찰, 보급, 지원. **공격**은 위협 요소를 찾아 제거하는 데 중점을 둡니다. **정찰**은 도시에 필요한 중요한 자산이나 장소를 탐색하는 임무로, 어느 정도 은밀함이 요구됩니다. **보급**은 보통 본거지 근처에 머물면서 도시를 지키거나 주변을 돕는 임무입니다. **지원**은 도움을 요청한 장소로 출동하는 임무입니다.

임무 유형: (p.37

1) 공격	4) 지원
2) 정찰	5) GM이 선택합니다
3) 보급	6) 두 번 굴려서 모두 사용합니다

적 파벌: (p.43

1) 반란패	4) 달의 교단
2) 코르부스 정복군	5) 다시 굴립니다 + 정예
3) 안개 야수	6) 두 번 굴려서 모두 사용합니다

공격

스파크의 가장 기본적인 임무입니다. 황혼땅에는 도시와 태양샘을 위협하는 적이 가득하기 때문에, 스파크는 출격해서 이들과 싸워야 합니다. 이 임무는 여러분의 능력을 보여줄 완벽한 기회입니다.

> **누구를 공격하나요?**

1) 반란패
2) 코르부스 정복군
3) 안개 야수
4) 달의 교단
5) 다시 굴립니다 + 정예
6) 두 번 굴려 모두 사용합니다.

공격 임무 변형:

> 1-2 저지: 적이 더는 이동하지 못하게 차단합니다.
> 3-4 전멸: 위협을 완전히 제거합니다.
> 5-6 격퇴: 적을 쫓아냅니다.

정찰

때로는 더 조용하게 접근해야 합니다. 오직 스파크만이 황혼땅의 가혹한 환경을 견딜 수 있기 때문에, 중요한 위치를 탐색하고 황혼땅의 지도를 가능한 한 최신 상태로 갱신하는 일은 여러분에게 달려있습니다.

> **무엇을 찾나요?**

1) 자원
2) 장소
3) 비밀
4) 태양샘
5) 적 기지
6) 중요 인물

정찰 임무 변형:

> 1-2 감시: 적의 압도적인 병력과 교전하지 않고 몸을 숨깁니다.
> 3-4 침투: 은밀함이 우선입니다. 자취를 남기지 마세요.
> 5-6 포획: 정보를 얻기 위해 중요한 파벌의 인물을 찾습니다.

보급

모든 임무가 황혼땅의 가장 어두운 곳으로 깊숙이 들어가는 작전일 필요는 없습니다. 때로는 본거지 업무도 필요합니다. 여러분은 고도로 훈련된 스파크 파일럿으로서 여러 가지 큰일을 할 수 있습니다. 또한 도시 안팎에서 수행할 일 역시 보급 임무로 간주할 수 있습니다. 보급은 시민들과 유대감을 형성하고 여러분이 파일럿이 된 이유를 상기할 기회입니다.

> 도시는 무엇을 필요로 하나요?

1) 특정 파벌을 위한 용병 업무
2) 교섭
3) 훈련
4) 유지보수
5) "해수" 구제
6) 상호소통

보급 임무 변형:

> 1-2 강화: 도시의 방어를 강화합니다.
> 3-4 회수: 중요한 물품이 사라졌고, 반드시 되찾아야 합니다.
> 5-6 전달: 사람이나 물자의 이동이 필요합니다.

지원

적절한 시기에 출격하는 스파크는 황혼땅에서 많은 이의 생명을 구할 수 있습니다. 스파크는 수많은 장소에서 여러 사람을 돕습니다. 지원 요청 신호가 울리면, 스파크는 언제나 기꺼이 도와주러 갑니다.

> 누구를 돕나요?

1) 근처 도시
2) 중요한 장소
3) 여러분의 도시
4) 적 파벌
5) 떠돌이들
6) 다른 스파크

지원 임무 변형:

> 1-2 호송: 이동하는 대상단을 호송합니다.
> 3-4 방어: 특정한 장소를 지킵니다.
> 5-6 원군: 공격당한 무리를 돕습니다.

장소는 임무가 펼쳐지는 공간으로, 적과의 조우가 흔하게 벌어집니다. 장소는 두 가지 요소로 이루어집니다.

> **주제:** 장소에 개성을 부여하고, 해당 장소의 분위기를 돋보이기 위한 장소 액션으로도 활용할 수 있습니다.

> **구조물:** 탐사할 수 있는 장소의 특정 위치로, GM에게 장면을 어떻게 플레이할지 실마리를 제공합니다.

임무용 장소를 만들 때는 임무가 펼쳐지는 구역을 고려해야 합니다. 구역마다 테마와 구조물의 조합이 다릅니다.

진홍 구역 임무는 도시 근처에서 수행되므로 장소가 크게 복잡하지 않습니다. 이곳의 장소는 하나의 주제와 구조물로 구성됩니다. **황혼** 구역 임무는 이동과 탐색이 필요합니다. 주제는 하나이지만, 임무 진행 중 어느 시점에서 구조물이 바뀝니다. **암흑** 구역 임무는 설명할 수 없는 상황이 펼쳐지며, 하나의 구조물에 두 가지 주제가 결합되어 있습니다.

진홍 구역: 주제 + 구조물

황혼 구역: 주제 + 구조물 → 구조물

암흑 구역: 주제 + 주제 + 구조물

주제는 장소의 개성과 분위기입니다. 각 주제에는 GM이 임무 중 언제든지 장소의 분위기를 돋보이기 위해 사용할 수 있는 장소 액션 목록이 있습니다. 이러한 장소 액션은 판정의 대가로 활용하거나, 스파크들에게 황혼땅의 위험성과 불가해함을 상기하기 위해 사용할 수 있습니다.

주제 표:

1) 창백함
2) 강화
3) 야생
4) 황폐함
5) 찬란함
6) 기괴함

창백함:

달을 찬양하는 송가와 속삭임.
1) 인도하다
2) 속이다
3) 비밀리에 미행하다
4) 예언하다
5) 매혹하다
6) 진정시키다

강화:

방벽, 요새, 감옥.
1) 방어하다
2) 격퇴하다
3) 함정에 빠뜨리다
4) 포획하다
5) 고양하다
6) 도전하다

야생:

과다한 성장, 야만성.
1) 뒤를 밟다
2) 썩다
3) 홀리다
4) 육성하다
5) 독을 넣다
6) 덫으로 잡다

황폐함:

파괴의 물결.
1) 망치다
2) 더럽히다
3) 비명을 지르다
4) 괴롭히다
5) 짓밟다
6) 거두다

찬란함:

태양빛의 축복.
1) 축복받다
2) 덥히다
3) 그슬리다
4) 빛을 발하다
5) 선명해지다
6) 눈멀다

기괴함:

황혼땅에 스며든 악의.
1) 왜곡하다
2) 혼란스럽게 하다
3) 꾀어내다
4) 고통을 주다
5) 대신하다
6) 먹이다

구조물

구조물은 임무를 수행할 특정 지점입니다. 2d6을 굴리거나 목록에서 선택하여 스파크가 장소 안에서 이동할 때 어느 지점에 있는지 정하세요.

위치 표:

1) 지하 공장	4) 요새
2) 대도시	5) 버려진 땅
3) 옛 태양샘	6) 동토

지하 공장:

오래전 녹슨 기계들, 삐걱대고 그르렁대는 소리.

2) 지하무덤이나 무덤	7) 깎아 만든 통로
3) 수면 구역	8) 강철 적치장
4) 내려가는 계단이나 구덩이	9) 창고
5) 거대한 방	10) 조립 설비
6) 주조 공장이나 작업장	11) 실험실
	12) 수직 갱도

대도시:

잃어버린 시대를 떠올리게 하는 흔적.

2) 관개용 운하	8) 무너져 가는 건물
3) 하수도 출입구나 터널	9) 고가 고속도로
4) 녹슨 노면전차	10) 주거 지역
5) 사용 중인 건물	11) 분화구
6) 초목이 무성한 공원	12) 차단된 교차로
7) 풍화된 통로	

옛 태양샘:

과거와 미래가 부딪히는 크레이터.

2) 붕괴한 터널

3) 침수 구역

4) 거칠게 깎아 만든 동굴

5) 무너져 내리는 구역

6) 발굴된 구역

7) 주거지 또는 모임 장소

8) 통로가 좁은 미로

9) 광산

10) 성지

11) 보존된 금고

12) 발굴된 비밀

요새:

우뚝 솟아 존재감을 과시하는 장소.

2) 제단

3) 연결된 통로

4) 탑

5) 지휘 본부

6) 막사 또는 공용 구역

7) 큰 방

8) 사다리 또는 계단통

9) 마당

10) 저장고

11) 기록 보관소

12) 사원

버려진 땅:

짐승 아가리처럼 거칠고 사납게 뻗어 나온 초목.

2) 거대한 노목

3) 수로

4) 잡초 가득한 길

5) 숲속 빈터

6) 야영지나 전초 기지

7) 울창한 덤불

8) 가시덤불

9) 잡초가 무성한 건축물

10) 바위 광맥

11) 짐승 소굴이나 둥지

12) 시체나 썩어가는 고기

동토:

종말을 선고하는 차디찬 바람.

2) 짐승 소굴이나 둥지

3) 얼음 봉우리

4) 야영지나 전초기지

5) 다리

6) 터널이나 동굴

7) 구불구불한 길

8) 전망대

9) 산 정상으로 난 길

10) 우묵하게 파인 공간

11) 요란한 폭포

12) 무덤 표식

태양 파편의 빛이 닿지 않는 황혼땅의 어둠 속에는 수많은 위험이 도사리고 있습니다. 우리에게서 등을 돌린 파벌, 혹독한 환경 속에서 변화한 짐승, 별 너머에서 온 위협, 달을 숭배하는 사교도들은 스파크가 마주칠 여러 적 중 일부에 불과합니다.

적 특성

적은 다음과 같은 특성을 가집니다. 다만 어떤 적은 아래 특성 중 일부 특성만 가질 수도 있습니다.

체력: 적이 죽기 전 견딜 수 있는 피해의 수치입니다.

피해, 거리: 적이 목표에 주는 피해와 공격 거리입니다.

액션: 적이 전투 중에 취하는 행동, 대응, 목적, 전술입니다. 적의 키워드와 피해를 사용할 때 액션에 맞춰 분위기를 살리세요.

키워드: 특수 규칙이나 효과입니다. 키워드 목록은 p.44를 참조하세요.

변형: 변형된 형태의 적이 등장할 경우, 주요한 변경 사항을 나타냅니다.

적의 예시입니다…

달의 이단자
체력: 1
피해: 1 근거리

창백한 길을 걷기 시작한 달의 교단의 복사 겸 시종입니다. 이들은 비인간적인 열정으로 깨달음의 한계를 넘어서려 합니다.

액션
> 달빛을 사용합니다.
> 태양빛을 가립니다.
> 창백한 이에게 기도를 올립니다.
소멸: 3 피해를 줍니다, 인접

GM인 스펜서는 GM 턴에 달의 이단자 중 하나를 움직입니다. 스펜서는 달의 이단자가 달빛으로 만든 광선을 소환하여 근거리에 있는 케이트의 스파크에게 발사한다고 설명하고, 피해 1점을 줍니다. 이후 케이트가 자기 차례에 달의 이단자를 처치하자, 소멸 키워드가 발동하여 인접한 모든 스파크가 피해 3점을 받습니다.

이 책에는 여러 가지 적들이 예시로 등장합니다. 황혼땅에는 그 밖에도 여러 가지 위협이 도사리고 있지만, GM은 이 장에서 소개한 적들을 활용해 플레이를 시작할 수 있습니다.

정예 *ELITES*

정예는 황혼땅에서 스파크가 마주칠 가장 위험한 적입니다. 정예는 다른 여러 게임에서 "보스"로 간주하는 적으로, 적대 파벌을 무너뜨리기 위해 스파크가 상대할 최후의 적으로 등장시킬 수 있습니다.

정예는 일반 적과 동일한 규칙을 사용하지만, 몇 가지 추가 사항이 있습니다:

추종자: 정예와 마주치면 항상 같이 나오는 적 목록입니다. 이들은 가장 충성스러운 추종자들로, 목숨을 걸고 정예를 지킵니다.

본거지: 정예가 위치한 장소의 특정한 주제와 구조물, 그리고 발생할 수 있는 추가 골칫거리입니다.

지휘: 정예가 전투 중 자기 아군에게 제공하는 지속적인 효과나 액션으로, 전투를 더 어렵게 만드는 보너스를 부여합니다.

적 키워드	> **오라:** 적이 살아있는 동안 지속되는 효과입니다. > **광포 [X]:** 적은 다음 번 행동을 할 때 X점만큼 추가 피해를 줍니다. 이 효과는 중첩될 수 있습니다. > **방해:** 스파크가 다음 턴에 파워를 사용하지 못하도록 하거나 플레어 효과를 받지 못하게 합니다. > **고갈 [X]:** 목표 스파크가 연료 X점을 잃습니다. > **소멸:** 죽으면 발동하는 효과입니다. > **비행:** 비행 중인 적은 인접한 상대에게 피해를 받지 않습니다. > **면역:** 상태가 변경될 때까지 피해를 받지 않습니다. > **봉쇄:** 스파크는 다음 턴 동안 이동할 수 없습니다. > **보호 [X]:** 지정된 적의 아군이 받는 피해를 X점 줄입니다. > **회복 [X]:** 적은 체력을 X점 회복합니다. > **광역 [X]:** 목표와 인접한 모든 대상에게 피해를 X점 줍니다. > **약화 [X]:** 명시된 지속 시간 동안 스파크의 능력치 하나를 X점만큼 줄입니다(1점보다 아래로 떨어지지는 않습니다). 스파크는 한 번에 여러 차례 약화의 영향을 받을 수 있습니다. > **부상:** 상대에게 피해를 줄 때 발동하는 효과입니다.

반란패

인류가 잿더미가 된 세상으로 돌아왔을 때, 재건을 위한 노력을 포기하고 태양 파편에서 등을 돌린 자들도 있습니다. 이들은 여러 파벌로 쪼개진 다음, 몸을 숨기고 힘을 키우다가 사냥을 할 수 있는 황혼땅으로 떠났습니다. 필요한 물자는 무엇이든 빼앗고 취약한 도시나 대상단을 노려 공격하는 이 약탈자들은 반란패라고 불리기 시작했습니다.

반란패들은 스파크 같은 각종 기술적 진보를 누리지는 못하지만, 창의적이고 안전 따위는 무시하는 공학 기술로 열세를 보완합니다. 이들의 장비는 조잡한 전선과 테이프로 엉성하게 조립하고 이어 붙였지만, 그렇기 때문에 더욱 위험합니다.

황혼땅으로 떠나는 길은 언제나 위험했지만, 이제 반란패들은 우리의 도시로도 눈독을 들이고 있습니다.

특공대
체력: 2
피해: 1 인접

반란패 대부분은 반격당하기 전에 가능한 한 큰 피해를 주기 위해 파견되는 특공대입니다.

액션
> 엄폐물을 찾습니다
> 아군을 신경 쓰지 않습니다
> 화력을 집중합니다

변 형
저격수: 피해: 2 원거리
척탄병: 피해: 1 근거리, 광역 1
기관총사수: 피해: 2 근거리, 봉쇄

방화광

체력: 3
피해: 2 인접, 광역 1

한 가지 확실한 점은, 이 세상은 불타버릴 것이라는 사실입니다. 방화광은 일단 불길이 번지기 시작하면 자신과 아군의 안전을 거의 신경 쓰지 않습니다.

액션
> 잿더미만 남을 때까지 태웁니다
> 불의 벽을 만듭니다
> 불꽃 속으로 걸어 들어갑니다

부상: 봉쇄

도살자

체력: 2
피해: 1 인접

가장 최근에 죽인 희생자의 시체 조각을 달고 다니는 도살자는 두려움 따위는 느끼지 않으며, 항상 수집품을 늘릴 기회를 노립니다.

액션
> 상대를 갈기갈기 찢습니다
> 흔적을 남깁니다
> 만족할 때까지 뒤쫓습니다

변 형
거대: +1 체력, +1 피해
기병창: 거리가 인접에서 근거리로 바뀝니다
톱날검: 피해: 3 인접

안개 조련사

체력: 4
피해: 1 근거리

동물들도 얼마든지 끔찍한 약탈자가 될 수 있습니다. 안개 조련사는 황혼땅에 사는 위험한 동물 일부를 부립니다.

액션
> 소리 높여 명령하다
> 수색해서 찾다
> 먹이 줄 시간이다!

비행, 부상: 안개 야수를 소환합니다

소환
> 새끼 와이번 1마리 (p.53)
> 황혼엄니 1마리 (p.54)
> 빛가루나방 1마리 (p.54)

핏빛 고수

체력: 5
피해: 0

핏빛 고수는 전투의 흐름을 조종합니다. 한 번 북소리가 들리면 지친 무리들도 광기 어린 함성을 지르며 질주하기 시작합니다.

액션

> 분노를 키웁니다
> 계속 거리를 둡니다
> 말살과 처형을 독려합니다

오라: 다른 반란패들은 **비행**을 얻습니다.

정예
카로
-피투성이 여왕

체력: 10
피해: 3 근거리, 광역 2

카로는 황혼땅에서 오랫동안 버티면서 여러 반란패 무리를 자신의 기치 아래 모은 백전노장입니다. 카로의 말은 곧 법입니다. 충성스러운 추종자들과 그녀가 애용하는 화염방사기가 권위를 뒷받침합니다.

액션

> 생지옥을 만듭니다
> 가진 것을 모두 빼앗습니다
> 부수적인 피해는 무시합니다

추종자

> 도살자 3명 (p.46)
> 방화광 5명 (p.46)

본거지

> 항상 '강화' 주제를 가집니다.
> 구조물 여기저기에 숨겨진 화염방사기 덫이 설치되어 있습니다.

지휘

> 오라: 모든 반란패는 광포 1을 얻습니다.
> 도살자는 **비행**을 얻습니다.
> 방화광은 "**부상:** 스파크는 다음 번 행동을 할 때 피해 1점을 받습니다"를 얻습니다.

48

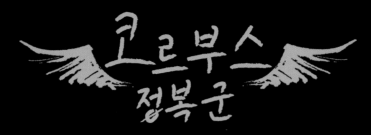

코르부스 정복군

태양 폭발 당시 지구에는 인간만 있었던 것이 아닙니다. 태양계 너머에서 온 우리의 오랜 적이 지구에 남아서 힘을 모아 인류를 완전히 끝장낼 때를 기다리고 있습니다.

코르부스 정복군은 스파크와 견줄 수 있는 기술과 무기를 보유한 군국주의적인 외계 세력입니다. 코르부스 정복군은 깃털 날개 형상의 갑옷을 입은 조류형 외계인이기 때문에, 사람들은 이들을 까마귀떼라고 부릅니다. 코르부스 정복군은 지구 곳곳에 흩어져 있지만, 만약 이들이 집결한다면 막을 수 없을 정도로 강력해질 것입니다.

코르부스 정복군을 분석한 얼마 안 되는 기록에 따르면, 이들은 교묘한 속임수에 의존하여 승리를 쟁취하는 치고 빠지기 전술에 더 능하다고 합니다. 그렇기 때문에 이들은 예측할 수 없는 위험한 존재입니다. 까마귀떼가 날아다니는 곳에서는 조심스럽게 움직이세요.

크로우
체력: 3
피해: 3 인접

매끈하고 날렵하며 차가운 이 살육기계들은 골칫거리를 제거하는 역할을 맡습니다. 보통은 갈기갈기 찢어서 문제를 해결하는 편입니다.

액션
> 무수한 수로 달려듭니다.
> 암살합니다
> 하늘에서 뛰어내립니다
부상: 상대 스파크의 자동 파워를 방해합니다.

레이븐
체력: 2
피해: 1 원거리

레이븐은 코르부스 정복군에서 책략가 겸 분대장 역할을 하며, 이들의 전장 출현은 불길한 조짐이나 다름없습니다. 레이븐들은 예지력에 가까운 신비한 직감을 발휘합니다.

액션
> 한 떼의 레이븐이 갑자기 난입합니다
> 아군의 행동을 조율합니다
> 스파크의 파워를 예측합니다
소멸: 크로우 2명 소환

맥파이

체력: 4
피해: 2 근거리

맥파이는 다른 병사들과 달리 화려하게 몸을 칠해서 주의를 끕니다. 맥파이의 시선이 여러분을 향하지 않기를 기원하세요.

액션

> 태양 연료를 모읍니다
> 적을 현혹합니다
> 전장을 가볍게 돌아다닙니다

소멸: 가장 최근에 받은 피해를 가장 가까운 스파크에게 돌려줍니다

제이

체력: 3
피해: 0

두 개의 머리가 달린 제이는 적의 마음을 흔들고 혼란에 빠뜨리기 위해 적의 의식을 파헤치고 조롱합니다. 머리 하나는 요란하게 떠들어 대는 한편, 다른 머리는 희미하게 속삭입니다.

액션

> 비밀을 캐내어 겁을 줍니다
> 열정을 불어넣습니다
> 논리로 상대를 누그러뜨립니다

비행, 고갈 1

루크

체력: 4
피해: 1 인접, 광역 1

최근 까마귀떼 정찰대에 추가된 병력입니다. 이 움직이는 방벽들은 특히 우리의 가장 강력한 전술 자산인 스파크를 파괴하는 데 힘을 기울입니다. 이들은 점점 적응하고 있습니다…

액션

> 어떠한 장애물도 부숩니다
> 가능성을 계산합니다
> 달빛을 내뿜으며 폭발합니다

부상: 상대 스파크의 자동 파워를 방해합니다.

정예

제르콘
-검은 새떼의 전령

체력: 10
피해: 3 원거리, 봉쇄

우리가 파악한 여러 전령 중에서도 제르콘은 지금까지 인류와 상호작용을 한 유일한 존재이며, 수많은 이의 목숨을 빼앗았습니다. 걸어다니는 그림자로도 불리는 제르콘은 부하들에게 힘을 받는 한, 누구도 그의 어두운 장막을 뚫을 수 없습니다.

액션

> 까마귀떼를 이끕니다
> 빛을 소멸시킵니다
> 살해합니다

추종자

> 크로우 2명 (p.49)
> 레이븐 2명 (p.49)
> 맥파이 2명 (p.50)
> 제이 2명 (p.50)
> 루크 2명 (p.50)

본 거 지

> 구조물은 항상 '대도시'입니다.
> 스파크들이 본거지에서 움직이는 동안 크로우들이 자주 공격합니다.

지 휘

> 다른 코르부스 정복군 병력이 전투 중에 같이 있는 동안, 제르콘은 아무 피해도 받지 않습니다.
> 체력이 절반으로 줄면 크로우, 제이, 맥파이를 각각 1명씩 소환합니다.

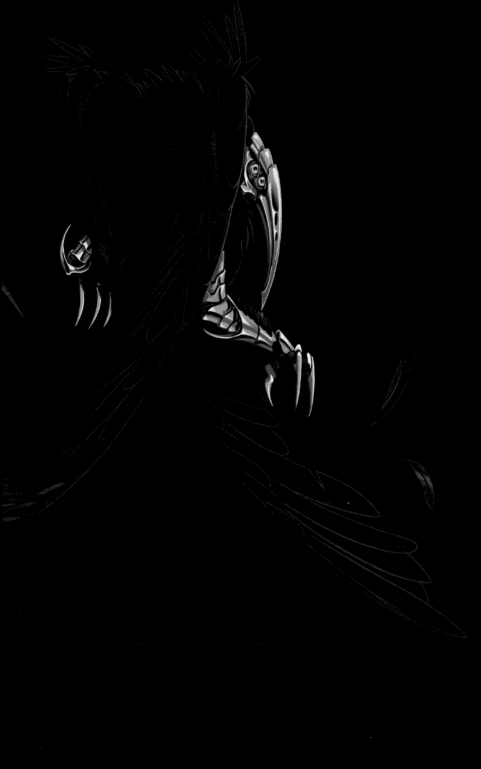

안개 야수

태양 폭발의 파괴적인 여파 속에서 지구의 동식물은 황혼땅의 힘으로 일그러지고 뒤틀렸습니다. 야생에서 발견되는 생물들은 옛 지구의 기록과 일치하지 않으며, 미지의 구역을 탐험할 때마다 새로운 종이나 변종이 나타납니다.

황혼땅에서 살아남은 생물들의 능력은 이들이 얼마나 사납고 끈질긴지 보여주는 증거입니다. 반란패, 달의 교단, 심지어 코르부스 정복군도 어느 정도는 예측할 수 있는 상대입니다. 하지만 끊임없이 변화하고 환경에 적응해 가는 황혼땅의 생명체, 흔히 안개 야수라고 불리는 이 생물들은 절대 가볍게 볼 수 없는 위협입니다.

새끼 와이번

체력: 2
피해: 1 인접

이 어린 파충류들은 부모와 달리 제대로 날지 못합니다. 대신, 이들은 하늘을 날 수 있을 만큼 튼튼해질 때까지 뚱뚱한 배로 기어다닙니다.

액션

> 다른 무리를 부릅니다
> 독을 뱉습니다
> 재빠르게 기어다닙니다

어둠원숭이

체력: 6
피해: 2 인접

유인원과 표범이 반반씩 섞인 이 동물은 무서운 사냥꾼입니다. 커다란 덩치에도 불구하고 무척 조용하고 은밀하게 행동합니다.

액션

> 덮쳐서 짓밟습니다
> 나무 사이로 사라집니다
> 사냥감을 무리에서 떼어 놓습니다
오라: 약화 1 (그늘)

빛가루나방
체력: 4
피해: 1 원거리, 광역 1

멀리서 보면 아름답습니다. 이 나방이 사냥개만 한 크기라는 사실을 깨달을 때까지는 말이지요. 빛가루나방은 황혼땅의 독기를 품은 식물을 먹고 살기 때문에, 나방이 흩뿌리는 반짝이는 가루는 각종 해로운 효과를 발휘합니다.

액션
> 가루를 바람에 실어 날립니다
> 끊임없이 반짝입니다
> 나방이 아닌 다른 무언가로 보입니다

비행

변 형
산성: 액션 "부식성 입자를 퍼뜨립니다"를 얻습니다
몽환: 액션 "깊은 잠으로 유혹합니다"를 얻습니다
대재앙: 액션 "지옥불을 쏟아붓습니다"를 얻습니다

악마두꺼비
체력: 4
피해: 1 원거리

유순하고 장난을 좋아하는 악마두꺼비는 저 밖의 모든 생물이 피에 굶주린 살인 기계가 아니라는 증거입니다. 하지만 그렇다고 해서 악마두꺼비가 여러분의 장비를 맛있게 먹지 않는다는 의미는 절대 아닙니다.

액션
> 재빠르게 무장해제시킵니다.
> 펄쩍 뜁니다.
> 가시털을 씁니다.

오라: 오직 인접용 파워만 사용할 수 있습니다.

황혼엄니
체력: 4
피해: 1 인접

그림자 속에서 적절한 순간이 올 때까지 웅크리고 기다리면서 으르렁거리는 사냥개입니다. 사냥을 시작하면 다음 먹이를 잡을 때까지 멈추지 않습니다.

액션
> 냄새를 맡습니다
> 곧장 목덜미를 노립니다
> 접착성 침을 뱉습니다

부상: 회복 1, 고갈 1

정예

선 혈 엄 니
-창공의 왕

체력: 10
피해: 2 인접, 광역 2 또는 2 원거리, 광역 2

커다란 태양 파편을 집어삼킨 와이번입니다. 하늘에서는 적수를 찾을 수 없는 최고의 포식자로, 자기 새끼들을 조금이라도 잃으면 어미로서 극심하게 분노합니다.

액션

> 태양빛을 내뿜어 불태웁니다
> 급강하해서 낚아챕니다
> 위험할 정도로 교활한 머리를 발휘합니다

추 종 자

> 새끼 와이번 10마리 (p.53)

본 거 지

> 항상 '야생' 주제를 가집니다.
> 선혈엄니는 전투에서 항상 가장 먼저 행동합니다.

지 휘

> 새끼 와이번은 "**소멸:** 선혈엄니는 광포 1을 얻습니다"를 얻습니다.

달의 교단

우리가 반란패와 코르부스에 정신이 팔린 사이, 절망에 빠진 사람들의 마음속에서 무언가가 속삭이기 시작했습니다. 우리는 여러 세대가 지난 다음에야 이 속삭임을 알아차릴 수 있었지만, 그 속삭임은 이미 서서히, 은밀하게 퍼지고 있었습니다.

우리가 태양 파편의 무한한 잠재력을 탐구하기 시작했을 때, 어떤 이들은 한때 빛났지만 지금은 칠흑과 별빛에 가려진 달의 파편을 찾기 시작했습니다.

소위 달의 예언자들은 다른 이들에게 '창백한 길'이라는 믿음을 전하고 있었습니다. 이 세상은 더 큰 계획과 설계 아래 돌아가고 있으며, 우리는 그 거대한 기계의 부품이라는 믿음은 많은 이에게 새로운 소속감과 불멸을 향한 희망을 불어넣었습니다.

얼마 지나지 않아, 여러 사람이 황혼땅으로 "순례"를 떠났습니다. 가족과 친구들을 저버리고 순례에 나선 자들이 겪은 운명과 이들이 치른 의식은 황혼땅의 설명할 수 없는 수많은 불가사의를 만들었습니다.

달의 의식을 치른 자들은 스파크 기술에 맞먹는 힘을 부여받고, 황혼땅의 위험으로부터 보호를 받았으며, 심지어는 황혼의 힘을 조작하여 창백한 이들을 방해하는 적들에게 파멸을 안겨주었습니다.

달의 이단자
체력: 1
피해: 1 근거리

창백한 길을 걷기 시작한 달의 교단의 복사 겸 시종입니다. 이들은 비인간적인 열정으로 깨달음의 한계를 넘어서려 합니다.

액션
> 달빛을 사용합니다.
> 태양빛을 가립니다.
> 창백한 이에게 기도를 올립니다.

소멸: 3 피해를 줍니다, 인접

암흑 예언자

체력: 3
피해: 0

순례를 마친 시종은 태양 폭발 이후 시작된 미래의 환상을 보게 됩니다. 마지막 일식이 지평선 너머에서 곧 다가옵니다.

액션
> 가까운 미래를 예언합니다.
> 황혼의 힘을 일으킵니다.
> 창백한 이들의 이름을 소리높여 외칩니다.

오라: 보호 1, 달의 교단

황혼꽃 화학자

체력: 2
피해: 1 근거리

달 파편이 발하는 창백한 빛 아래에서 자란 식물들은 다수의 유독한 효과를 만드는 데 이용할 수 있습니다. 황혼꽃 화학자들은 과학과 연금술을 뒤섞어가며 이 식물들을 연구합니다.

액션
> 환각을 일으킵니다
> 광란에 빠집니다
> 잠에 빠지도록 유도합니다

부상: 파워 플레어를 방해합니다.

월석 성기사

체력: 3
피해: 1 인접

달의 교단을 수호하는 이 전사들은 월석을 가지고 사악한 힘을 비축합니다. 이들은 스파크의 불꽃마저 가릴 만큼 어둡고 창백한 빛을 발합니다.

액션
> 태양빛을 반사합니다
> 약한 동료들을 지킵니다
> 창백한 빛으로 공격합니다

오라: 약화 1 (태양)

그림자를 걷는 자

체력: 1
피해: 3 인접

창백한 이들의 원념에 가득 찬 유령입니다. 이들은 달의 주기를 연구하여 자신의 존재를 지웠다가 드러내는 법을 익혔고, 이 능력으로 교단의 다음 희생자들을 죽입니다.

액션
> 그림자 속으로 사라집니다
> 주기를 앞당기거나 되감습니다
> 형태를 일그러뜨립니다

부상: 파워 플레어를 방해합니다.

정예
달 의 스 파 크

-타락자
체력: 10
피해: 3 인접 또는 2 근거리 또는 1 원거리

달의 교단은 달 파편에서 추출한 월석을 사용해 스파크를 왜곡하고 타락시키는 방법을 개발했습니다. 스파크를 탑승한 파일럿이 교단의 음모에 희생당했는지, 아니면 타락한 스파크의 파일럿이 되었는지는 아직 밝혀지지 않았습니다.

액션
> 기이한 파워를 발휘합니다
> 죽음에 대한 비뚤어진 생각을 드러냅니다
> 창백한 이와 접신합니다

변 형

그림
부상: 악몽 하나를 소환
악몽: 체력 1, 피해 1 인접

팍스
다음 턴까지 아무 능력치 2 약화

드리프터
부상: 광포 1

추 종 자

> 달의 이단자 2명 (p.57)
> 암흑 예언자 2명 (p.58)
> 월석 성기사 6명 (p.58)

본 거 지

> 항상 '창백함' 주제를 가집니다.
> 약화 1 (태양)

지 휘

> 암흑 예언자는 "**소멸:** 달의 스파크 체력 2 회복"을 얻습니다.
> 달의 이단자는 원하는 때 소멸 능력을 발동해서 죽을 수 있습니다.

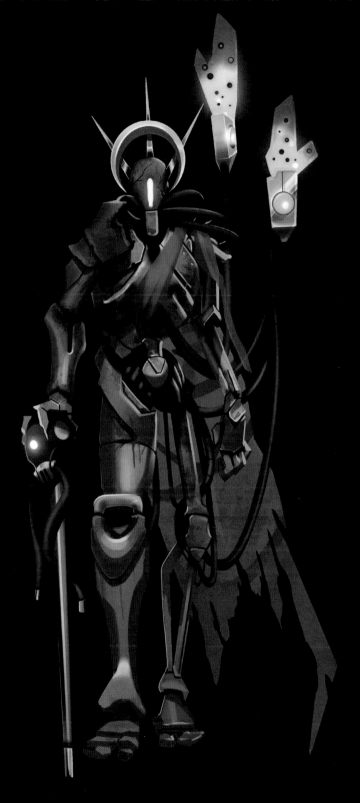

예시
임　무

브리핑
최근 보고에 따르면 근처에서 공업 단지가 발견되었는데, 이곳은 아직 용도가 밝혀지지 않은 옛 지구의 유적입니다. 여러분은 유적의 정확한 위치를 파악하고, 주변 지역의 위협 요소를 제거한 후 발굴 가치를 평가하는 임무를 맡았습니다. 발굴할 가치가 충분하다면 발굴 팀이 도착할 때까지 유적을 지키세요. 해당 지역의 위협이 압도적이거나 상황이 위태롭다면, 유적을 불태우세요.

> ### 스파크들에게 물을 만한 질문:
> › 보고서를 읽고 공장의 용도를 짐작할 수 있습니다. 무슨 용도인가요?
> › 황혼땅의 이 지역은 특별한 명성을 가지고 있습니다. 어떤 명성인가요?
> › 오래된 태양샘을 본 적이 있나요? 어떤 곳입니까?
> › 이 지역에서 적의 움직임이 포착되었습니다. 어떤 의미인가요?
> › 이 적은 평소와 다른 방식으로 행동합니다. 어떤 점이 다른가요?

임무 유형: 지역 정찰
구역: 황혼 구역
주제: 찬란함
구조물: 옛 태양샘, 지하 공장
적 파벌: 코르부스 정복군

지하 공장은 오래된 태양샘 잔해 안을 기어들어 가야 접근할 수 있습니다. 이 지역에는 여전히 공기와 땅에 태양 연료의 성분이 잔류하고 있습니다.

GM을 위한 몇 가지 팁과 아이디어:

> 코르부스 병사들은 어둠 속에서 습격하는 편을 선호하므로, 주변 빛은 이들에게 불리합니다.

> 스파크들이 남은 태양 연료를 활용할 방법을 찾을 수 있다면, 일시적으로 파워나 성능을 높일 수 있습니다.

> 어두운 공장은 무척 밝은 태양샘과 극심한 대조를 이룹니다. 코르부스들에게는 완벽한 거점입니다.

> 공장은 도시에 매우 중요한 자산이지만, 확보하기는 어렵습니다. 코르부스의 수가 압도적으로 많아서 점령하기 힘들 수도 있고, 아니면 이들이 이 지역에 무언가 수작을 부린 탓에 공장 발굴에 위험이 따르거나 시간이 많이 소모되기 때문일 수도 있습니다.

조우 만들기

임무 초반에는 소규모의 코르부스 병사들을 등장시키세요. 한 가지 유형의 적으로 시작했다가, 스파크들이 임무를 진행하면서 새로운 유형의 적을 내보내세요. 적의 종류마다 대처해야 하는 방식이 달라지므로, 임무 내내 전투의 재미를 유지하는 데 도움이 됩니다.

임무 진행하기

이 임무에서는 스파크들이 어느 시점에서 다른 곳으로 이동해야 합니다. 옛 태양샘에서 공장으로 이동할 때 플레이어들 자신이 설정의 세부 사항을 만들게 하세요. 어떤 점이 바뀌나요? 이러한 세부 사항은 GM이 이후 스파크와 코르부스의 조우를 준비할 때 사용할 수 있는 정보입니다.

임무 종료와 결과 보고

스파크들이 코르부스 세력과 어떻게 싸우냐에 따라, 공장은 향후 활용이 가능할 수도 있고 불가능할 수도 있습니다. 만약 파괴가 불가피하다면, 마지막 대결에서 스파크들은 공장을 파괴하고 코르부스를 저지하는 두 가지 방향으로 나아가야 합니다. 활용이 가능하다면, 공장을 점령하기 위해 구체적으로 무엇을 해야 하나요? 이 시점에서 스파크들은 수많은 코르부스와 싸웠을 가능성이 높으므로 임무를 끝낼 수 있는 특별한 과업을 제시하세요.

결과에 상관없이, 스파크들에게 자신들의 선택이 도시에 어떤 영향을 미쳤는지 보고하게 하세요. 새로운 공장을 확보해서 어떤 새로운 혜택을 얻었나요? 공장을 파괴해서 어떤 재앙을 막았나요?

GM 가이드

GM 여러분은 플레이어와 함께 위험한 임무를 수행하는 강력한 스파크들의 이야기를 만드는 역할을 맡습니다. 여러분은 스파크와 싸우는 적, 그리고 스파크를 신뢰하는 도시의 주민들 및 파벌을 플레이합니다. 여러분은 이야기꾼이지만 혼자서 이야기를 만들지는 않습니다. 가장 멋진 이야기는 친구들과 함께 만들 때 완성되는 법입니다.

이번 장에서는 **노바**를 어떻게 운영해야 하는지 조언을 수록했습니다. **하지만, 아무리 이런저런 조언을 한다고 해도 다 함께 논의하는 방법이 가장 좋습니다.**

기대 안전

노바를 플레이하기 전에 무엇을 기대하는지 서로 논의하세요. 전술적인 전투에 집중하고 싶나요, 아니면 전투를 빨리 끝내고 그사이의 장소로 곧장 가고 싶나요? 임무 전후에 기지에서 얼마나 머물지는 테이블의 선호에 따라 달라질 수 있습니다.

여러분의 테이블에서도 안전 수칙을 사용하세요. 노바에 특화된 안전 수칙은 없지만, X 카드나 선과 장막 등 인터넷에 소개된 TRPG 안전 수칙들을 살펴보기를 권장합니다. RPG 플레이에서는 모든 사람이 테이블에서 안전을 누리고 환영받는다고 느껴야 합니다. 안전 수칙은 이를 보장하는 데 도움이 됩니다.

배경 & 장르

노바는 본질적으로 SF RPG이지만, 얼마든지 호러나 판타지 요소와 섞을 수도 있습니다. 스파크는 그 자체로 놀라울 정도로 발달한 기술의 결정체입니다. 과학을 모르는 사람들에게는 스파크의 능력 대다수가 마법으로 인식될 정도로 발달했지요. 한 가지 강조하고 싶은 점은, GM 여러분이 그런 과학을 굳이 파악할 필요가 없다는 사실입니다. 좋아하는 SF 드라마나 영화에서 우리가 굳이 "과학의 원리"를 알려고 하지 않는 것처럼, **노바**에 등장하는 기술 역시 그냥 작동한다고 여기세요.

도시와 태양 파편 너머의 황혼땅에서는 여러 가지가 달라집니다. 세상의 종말은 지구를 강타한 달 파편과 마찬가지로 모든 것을 바꾸었습니다. 스파크들이 황혼땅 깊숙이 들어가야 하는 임무를 수행할 때 각종 설명할 수 없는 일들을 등장시키세요. 아무도 황혼땅을 이해하지 못하기 때문에, GM 여러분과 플레이어는 원하는 요소를 무엇이든 집어넣을 수 있습니다.

도시

첫 세션을 (p.30에 나온 것처럼) 함께 플레이하지 않더라도, **스파크가 태양의 남은 파편으로 연료를 공급받아 도시에서 임무를 수행한다는 점은 확정된 사실입니다.** 도시에는 인류 문명의 재건을 위해 함께 일하는 (항상 힘을 합치지는 않지만) 사람과 파벌로 가득합니다.

스파크가 임무를 수행할 때마다, **플레이어들에게 스파크와 관련이 있는 사람과 장소로 도시를 채우도록 도와달라고 요청하세요.** 임무가 끝나면 집에서 누가 기다리나요? 누가 스파크를 임무에 파견하나요? 이러한 질문에 답한다면 도시를 생생하게 꾸밀 수 있을 뿐만 아니라, 이후 임무에 활용할 소재를 확보할 수도 있습니다!

각 임무가 끝날 때마다 도시도 변합니다. 스파크들은 고향을 돕기 위해 무언가를 합니다. 임무 사이에 도시가 어떻게 변할지 생각해 보세요. 스파크가 함께 일할 새로운 파벌과 상호작용할 새로운 장소를 제공하세요. 도시를 집처럼 느끼게 하세요.

죽음

이 게임에서 스파크는 죽을 수 없습니다. 휴면에 빠진 스파크는 강력한 초신성 파워를 방출한 다음 아군이 일으켜 주기를 기다립니다. 연료가 바닥나면 임무를 조기에 종료할 수도 있겠지만, 플레이어들이 다 함께 결정하지 않는 이상 스파크의 죽음은 고려 사항이 될 수 없습니다. 여러분은 캐릭터들을 죽이는 대신, 플레이어들에게 전술을 재고하게 하거나 임무 목표의 우선순위를 바꾸도록 유도해야 합니다. 만약 테이블에서 스파크의 최후를 보고 싶어 한다면, 영웅적인 모습으로 장렬하게 불태우세요.

 ## 설명

룰북에서 각 파워의 효과는 의도적으로 모호하게 설명했습니다. **파워는 스파크의 멋과 강력함을 체감할 기회입니다.** 그러므로 이 느슨한 설명을 최대한 플레이어에게 유리하게 적용하세요. 예를 들어 스코치의 분출은 주변 환경에 어떤 영향을 주는지 규칙으로 정하지 않았습니다. 하지만 똑똑한 플레이어라면 이 파워의 파괴적인 면모를 활용해 땅을 무너뜨리겠다고 할지도 모릅니다. 지형에는 체력이 없지만, 분명 불이 붙습니다. 멋지게, 화끈하게 진행하세요.

 ## 빠른 전투 & 도전을 원하는 플레이어

노바는 빠른 전투를 하도록 만든 RPG입니다. **노바**의 전투는 많은 부분을 간결하게 바꾸었기 때문에, **플레이어들은 매 턴 최적의 전술을 찾는 데 시간을 쏟을 필요가 없습니다.** 또한 플레이어들이 규칙에는 완전히 들어맞지는 않아도 스파크의 강력한 면모를 돋보이게 수 있는 아이디어를 여러분에게 제안할 수도 있습니다. 수용하세요. 사거리나 공격 범위, 이동 거리를 어떻게 처리할지 너무 걱정하지 말고, 액션의 흐름을 유지하면서 플레이어들이 자기 차례에 흥미진진한 방식으로 행동하도록 만드세요.

어떤 플레이어는 전투 중에 능력치를 어떻게 사용할지 몰라서 파워 사용에만 집중할지도 모릅니다. 괜찮습니다! 시간이 지나고 규칙에 익숙해지면 분명 능력치를 사용할 기회가 생깁니다. 예를 들어, 거대한 기계 부속품을 적군에게 던지는 행동은 어떠한 파워에도 해당하지 않지만, 태양 능력치를 판정할 수 있는 좋은 기회입니다. 부속품을 던져서 적에게 피해를 주고 발을 묶고 싶나요? 우선 해당 캐릭터의 플레이어가 어떤 의도를 가졌는지 확인한 다음, 그에 따라 주사위 결과를 해석하세요!

어떤 플레이어는 좀 더 도전적인 전투를 원할 수도 있습니다. 혹은 플레이어들이 너무 빨리 적을 죽이는 것 같아서 GM 여러분이 전투를 더 어렵게 만들고 싶어 할지도 모르지요. 하지만 **노바**의 전투는 원래 그렇게 돌아가도록 만들었습니다! 만약 전투를 더 어렵게 만들고 싶다면, 적의 체력을 늘리는 방법은 피하세요. 그저 전투가 느려질 뿐입니다.

적의 수치 대신, 행동 방식을 바꾸세요. 이것이 바로 GM턴의 목적입니다. 적들을 전술적으로 움직여서 플레이어들이 다른 행동을 하게 만드세요. 또한 적들이 자신들의 턴에 여러 가지 행동을 할 수 있도록 액션을 추가하세요. 예를 들어, 처음에는 적 병사가 그저 엄폐물 뒤에 숨기만 할지도 모릅니다. 하지만 더 강하고 똑똑한 적은 엄폐물 뒤에 숨는 동시에 사격을 개시할 것입니다!

임무 제작하기

임무를 구성할 때 모든 내용을 미리 준비하려고 하지 마세요. 그 대신, 임무가 어떻게 진행될지 포괄적으로 틀을 정한 다음, 플레이어의 행동에 따라 무슨 일이 벌어질지 정해지도록 하세요. 임무 생성 표를 활용해서 임무의 뼈대를 만들어 보세요 (**p.35**).

플레이어들에게 하는 질문은 임무를 만들고 플레이할 때 가장 중요한 요소입니다. *브리핑 동안 플레이어들에게 다음과 같은 질문을 하세요:*

> 누가 이 일이 수행되기를 원하나요?

> 플레이어 캐릭터들은 이 임무와
> 개인적으로 어떻게 연관이 있나요?

임무 동안 플레이어들과 함께 황혼땅의 무대를 만들어 보세요. 황혼땅은 모호하면서도 변화무쌍한 장소로, 플레이어에게 황혼땅에 대해 무엇을 알고 있는지, 여기서 무엇을 보고 싶은지 물어보면서 함께 임무의 모습을 그릴 수 있습니다.

예시 임무는 (**p.61**) 하나의 완전한 세션을 진행하기 위해 활용할 수 있는 준비 과정의 한 예입니다. 플레이어들이 롤플레이를 할 기회를 만드세요! 캐릭터들이 도시 안에서 시간을 보내고 임무 전후에 사람들과 상호작용을 한다면 도시와 주민들에게 더 생생한 개성을 부여할 수 있고, 플레이어들이 임무 성공의 여부를 좀 더 진지하고 중요하게 여기도록 만들 수 있습니다. 여러분의 게임에 어떻게 롤플레이를 더 결합할지는 **p.69**에서 제안과 조언을 찾을 수 있습니다.

플레이어들은 스파크의 성능 향상이라는 보상을 받습니다. 플레어 시스템은 플레이어들이 다양한 개조 선택지를 조합하고 섞어서 원하는 방식으로 플레이를 할 수 있게 돕는 규칙입니다.

이 게임에서는 플레어 외에 임무 완료로 얻을 수 있는 규칙상 보상이 없습니다. 화폐도, 경험치도, 새로운 장비도 없습니다. 여러분은 어쩌면 이 중 일부를, 특히 새로운 기술이나 장비를 보상에 포함하고 싶어 할지도 모릅니다. 하지만 저는 권장하지 않습니다. 더 많은 장치나 부속물을 스파크에 추가하면 플레이 속도가 느려질 수도 있기 때문입니다. 만약 규칙상 보상을 더 주기로 했다면, 플레이어들이 직접 플레어를 새로 만들거나 향상하도록 하는 편이 좋습니다. 플레이어들은 스파크를 어떻게 플레이할지 직접 알아가는 당사자들인 만큼, 자신들의 플레이 방식을 지원하는 흥미로운 플레어를 스스로 고안할 수 있을 것입니다. 플레이어들이 직접 플레어를 만들겠다고 요청하면 함께 하세요!

또한, 규칙상 보상을 주지 않고도 어떻게 하면 임무 결과를 더 의미 있게 만들 수 있을지도 고려하세요. 스파크들은 인류를 위해, 그리고 자신들이 고향이라고 부르는 도시를 더 나은 곳으로 만들기 위해 임무를 수행합니다. 스파크들이 귀환한 후, 도시가 어떻게 바뀌었는지 플레이어들에게 설명을 맡기세요. 도시 안에서 얻을 수 있는 규칙 외의 보상을 제공하세요. "옛 지구 기록 보관소의 접근 권한"은 별도의 규칙이 필요하지 않은 재미있는 아이디어이지만, 플레이어들은 아마도 이 권한을 원할 것입니다! 이러한 보상을 적절히 제공한다면 스파크가 최대한 강력해진 다음에도 플레이의 재미를 계속 지킬 수 있습니다.

원칙

다음은 GM으로서 명심해야 할 몇 가지 일반적인 원칙입니다:

> 여러분도 게임의 플레이어입니다. 테이블에서 일어나는 '재미'는 그저 GM이 홀로 책임지는 것이 아닙니다. 아닙니다. 여러분도 즐거워야 합니다!

> 플레이어들의 팬이 되세요. 스파크는 태양의 힘으로 작동하는 강력하고 멋진 메카이며, 플레이어들은 그런 스파크를 조종하는 기분을 느껴야 합니다. 플레이어들에게 난관을 던지되, 짓밟지는 마세요. 스파크의 약점보다는 강점을 더 많이 활용하세요.

> 빠르게 진행하세요. 전투는 박진감 넘쳐야 하며, 플레이어 중 누군가 턴을 오래 끈다면 얼마든지 자유롭게 여러분이 가진 패를 드러내고 적이 행동을 시작하도록 하세요. 적들의 위치를 바꾸거나, 지원군이 도착하는 소리를 건물 안에 울려 퍼지게 하세요.

> 책임을 분산하세요. 여러분 혼자 모든 규칙을 알아야 할 책임은 없습니다. 플레이어들은 임무를 시작할 때 스파크가 어떤 능력을 갖췄는지, 플레어 시스템으로 이를 어떻게 변경할 수 있는지 함께 규칙을 읽어야 합니다.

> **노바**는 시뮬레이션 게임 대신 영화에 가깝습니다. 적 캐릭터들은 전투에서 합리적으로 행동하고 반응해야 합니다. 필요할 때는 당황하고 후퇴하게 하되, 상황이 유리해지면 다시 모여서 열심히 싸워야 합니다.

> 이야기를 만들고 찾아가세요. 맥락을 빼고 본다면 **노바**는 그저 스파크들이 임무를 반복하는 RPG일 뿐입니다. 플레이어들에게 왜 그런 행동을 하는지, 무엇을 중요하게 생각하는지 물어보고 그 질문에 대한 답을 찾아보세요.

> 이 세상은 기이합니다. **노바**는 SF로 간주할 수 있는 게임이지만, 황혼 땅에는 무엇이 어떻게 존재하는지 규칙이 없습니다. 플레이어들이 자신들이 발견한 것을 보고 놀라게 하세요. 형언할 수 없는 괴물과 장소, 사건을 만들고, 도시로 돌아가는 길이 저 너머에 도사린 공포로부터 한숨 돌리는 반가운 휴식처럼 느끼게 하세요.

노바는 전투 중심의 롤플레잉 게임(RPG)입니다. 노바에서 게임 부분은 전투를 플레이하면서 충분히 드러나지만, 이런 게임에서는 종종 롤플레잉 부분이 간과되곤 합니다. 전투에 의미 있는 맥락을 부여할 수 있도록, 여러분 세션에 롤플레잉을 할 여러 가지 소재와 기회를 집어넣으세요.

여러분 세션에 롤플레잉을 할 기회를 집어넣고 싶다면, 다음 중 몇 가지를 고려해 보세요:

› 도시를 사람들이 북적거리는 중심지로 만드세요. 스파크들은 도시에서 살고, 도시에서 출격하며, 도시를 지키고 싶어 합니다. 그러니 거리를 돌아다니면서 시간을 보내게 하세요.

› 각 임무가 끝나면 함께 임무 결과를 되새겨 보세요. 임무의 성공이나 실패로 도시가 어떻게 바뀌었나요? 어떤 유형의 임무에 더 신경을 쓰게 되었나요?

› 스파크 안에는 파일럿이 탑승하고 있습니다. 파일럿들을 생생하게 묘사하세요. 파일럿들은 임무와 임무 사이에 어떻게 스트레스를 해소하고 여독을 푸나요? 누가 파일럿들을 기다리나요? 파일럿들은 어떤 책임을 지고 있나요?

› 각종 파벌과 NPC는 서로 다른 방향에서 스파크를 끌어당깁니다. 스파크는 모든 사람을 동등하게 도울 수 없으며, 누구를 위해 일할지, 어떤 대의를 지지할지 어려운 결정을 내려야 합니다. GM은 서로 대립하는 세력들이 스파크에게 임무를 주게 하고, 스파크가 누구를 선택했는지 기억하고 활용하세요.

› 스파크는 임무 중에 장소를 탐사할 시간이 있어야 합니다. 모든 장면이 전투일 필요는 없습니다. 탐색하고 발견할 시간을 주세요.

설정

노바는 어느 날 하늘의 태양이 알 수 없는 이유로 폭발하여, 그 파편이 지구로 추락하고 우리가 알던 모든 것이 종말을 맞이하는 **대체 역사를 배경으로 합니다.** 스파크가 황혼땅을 탐험하고 인류 재건을 도우면서, 여러분은 자신만의 **노바**를 만들 수 있습니다. 다음은 남은 기록에서 찾을 수 있는, 정식 설정에 가장 가까운 역사입니다.

태양 폭발

오래전, 지구를 거의 멸종시킬 만한 사건, 즉 태양 폭발이 일어났습니다. 태양이 완전히 파괴된 것은 아니지만, 태양의 큰 조각이 달과 지구에 충돌하여 지구상에 존재하는 생명체 대부분을 멸종시켰습니다. 태양이 거의 사라지자, 하늘은 영원히 안개 낀 듯 흐릿한 황혼으로 바뀌었습니다.

태양 폭발이 일어나기 전, 인류 일부는 안전한 곳에 숨어 있었습니다. 이 시기의 기록은 대부분 사라졌지만, 지금까지 남은 극소수의 기억은 대피호 안에서 주고받은 이야기를 통해 전승되었습니다. 이들은 계속 기다렸고, 지표면 관측 수치가 이제는 돌아가도 안전하다고 나타날 때까지는 몇 세대의 시간이 흘러야 했습니다. 인류는 고향에 무슨 일이 일어났는지 확인하기 위해 마지못해 지상으로 돌아갔습니다. 지상은 황폐와 파괴, 어둠만이 가득했습니다.

태양 ★ 파편

하지만 희망은 있었습니다. 남은 인류는 태양의 파편이 땅속 깊숙하게 파고들어 빛과 온기, 에너지 원천을 제공한다는 사실을 발견했습니다. 인류는 이 파편들을 중심으로 문명을 재건하기 시작했고, 태양의 힘을 뽑아서 얻은, 전례가 없을 정도로 막대한 에너지를 활용해 기술을 급속도로 발전시켰습니다. 인류는 태양 파편에 '태양샘'이라는 이름을 붙였고, 지구 곳곳에서 태양샘을 중심으로 많은 사람이 거주하기 시작했습니다.

그리하여 옛 지구의 잔해 위에서 도시가 세워졌고, 기술은 이전에는 볼 수 없었던 속도로 발전했습니다. 하지만 우리는 이전 삶에서 누리던 많은 것을 잃었습니다. 기술, 지식, 기억... 이 모든 것이 태양샘 너머의 폐허, 우리가 황혼땅이라고 부르는 곳에 있었습니다. **누군가는 그곳으로 가야만 했습니다.**

태양의 힘을 담은 스파크는 인류의 첫번째 주요한 혁신이었습니다. 우리 인류는 용감한 이들이 안전한 태양샘 너머의 황혼땅으로 들어가 옛 지구의 비밀을 파헤칠 수 있도록 이 고출력 외골격 슈트를 개발했습니다.

1세대 스파크는 특정한 목적을 수행하거나 부대 안에서 역할을 맡기 위해 만들어졌습니다. 보이저는 태양 파편이 발산하는 빛 너머의 세계를 알기 위해 최초로 제작된 스파크입니다. 황혼땅에서 여러 위험과 공포가 발견된 후, 파이어와 스코치의 생산이 시작됐습니다. 그 후 드디어 황혼땅에 사람들을 보내 유적을 발굴하고 도시와 도시 사이를 연결하기 시작하면서, 이들을 지키기 위해 워든이 제작되었습니다.

인류가 자리를 잡고 1세대 스파크가 문명 재건을 돕는 데 기여하자, 다양한 파벌이 스파크 개발에 관심을 보이기 시작했습니다. 드리프터는 무기를 현장 실험하기 위해 군사 집단에서 만든 2세대 초기의 스파크입니다. 그림과 팍스, 생권은 모두 과학자들이 기술 분야의 혁신을 따라잡기 위해 노력하는 와중에 출현했습니다. 2세대 스파크는 그 접근 방식에 있어서 의견이 분분하지만, 황혼땅에서 이들이 펼치는 활약에 이의를 제기하는 사람은 거의 없습니다. 괴물과 싸우려면 때로는 우리의 괴물이 필요합니다.

스파크를 지휘하는 중앙 기관은 없습니다. 각 부대는 보통 해당 스파크를 제작한 도시에 배치됩니다. 스파크는 팀을 이루어 도시에서 여러 파벌이나 유력가들과 함께 무엇이든 도시에 필요한 일을 합니다. 적 세력의 움직임이나 새로운 유적 발견, 그 밖의 각종 황혼땅 소식을 담은 보이저의 보고서는 끊임없이 올라옵니다. 스파크의 막대한 힘을 어떻게 사용할지는 스파크 자신에게 달려있습니다.

황혼땅

도시 장벽 너머에 펼쳐진 거대하고 알 수 없는 어둠의 세계. 황혼땅이라는 이름은 영원히 계속되는 흐릿한 밤하늘에서 비롯되었습니다. 때때로 하늘 너머로 달의 모습이 얼핏 보이기도 하지만, 달 역시 태양 파편과 충돌한 탓에 여기저기 부서지고 구멍이 나 있습니다. 사실, 태양 폭발 당시 파괴된 달의 큰 조각들이 지구로 떨어졌습니다. 어떤 사람들은 이러한 달 파편이 황혼땅에서 발견되기만을 기다리고 있다고 말합니다.

황혼땅으로 깊이 들어갈수록, 현실은 점점 더 기이해집니다. 진홍 구역으로 알려진 태양 파편 근처는 현실이 비교적 안정되어 있습니다. 반란 세력의 요새나 종말에서 살아남은 동물들의 서식지, 옛 지구의 폐허가 탐험을 기다리고 있습니다. 스파크들은 이러한 지역을 면밀히 주시하며 가능한 한 자주 정찰합니다. 일부 호송대는 진홍 구역을 통해 도시와 도시 사이를 이동합니다. 진홍 구역은 비록 안정적이지만 여전히 매우 위험하며, 황혼땅으로 나서는 여정에는 항상 스파크들이 동행합니다.

진홍 구역 너머는 지도를 그릴 수 없는 땅입니다. 아무리 좋게 말해도 예측 불가능한 곳이지요. 각 방면의 과학자들은 스파크 탐사팀이 가져온 보고서를 보고 의문을 품고 있습니다. 저 너머에 사는 생물들은 복구에 성공한 몇 안 되는 태양 폭발 이전 지구의 기록과 일치하지 않습니다. 설상가상으로, 황혼땅의 깊숙한 지역은 땅 자체가 끊임없이 움직이고 변한다고밖에 말할 수 없습니다. 황혼땅의 어둠 속에서, 세상이 움직이고 뒤틀리면서 수많은 기이한 위험과 기회가 나타났다가 사라집니다. 그리고 가장 깊은 곳에서는 달 파편이 은색 빛을 발하며 우리를 기다리고 있습니다.

달의 교단

아직 하늘에 떠 있는 부서진 달을 숭배하는 달의 교단이 황혼땅에서 영향력을 행사한다는 보고가 끊임없이 들어오고 있습니다. 교단의 정체는 알려진 바가 거의 없지만, 보고에 따르면 교단의 파벌들은 황혼땅에서 발견되는 달 파편 근처에 모이는 경향이 있다고 합니다. 그들은 종파마다 믿음과 행동지침이 서로 다르기 때문에 귀중한 달 파편을 두고 서로 충돌하는 경우가 잦습니다. 우리 질문에 답한 극소수의 사교도들은 자신들이 달 파편으로 불려 가서 달의 이름으로 거행하는 여러 의식을 배웠다고 합니다.

달 파편에는 우리가 설명할 수 없는 특성이 있습니다. 교단의 사교도들은 달 파편을 자기 몸이나 같이 다니는 동물의 몸에 심어서… 일종의 변화를 거친다고 합니다. 더 큰 달 파편은 우리 도시에 있는 태양 파편과 유사하게 교단의 동력원으로 사용하는 것처럼 보입니다.

달의 교단은 오직 태양의 빛이 완전히 소멸하기를 원합니다. 그들은 태양 샘을 탐내기는커녕 혐오하기만 합니다. 스파크들은 달의 교단뿐만 아니라 황혼땅에 도사리면서 기회를 엿보는 모든 존재에 맞서 인류의 마지막 빛을 보호하는 의무를 지고 있습니다.

노바 NOVA 캐릭터시트

스파크_파일.

콜사인:　　　　　　　　　　**스파크 기종:**

파일럿 이름:　　　　　　　　**성별:**

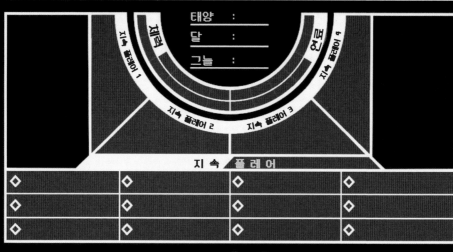

태양 :

달 :

그늘 :

지속 플레이어 1 | 체력 | 지속 플레이어 4 | 연료

지속 플레이어 2　지속 플레이어 3

지 속 플 레 어

◇	◇	◇	◇
◇	◇	◇	◇
◇	◇	◇	◇

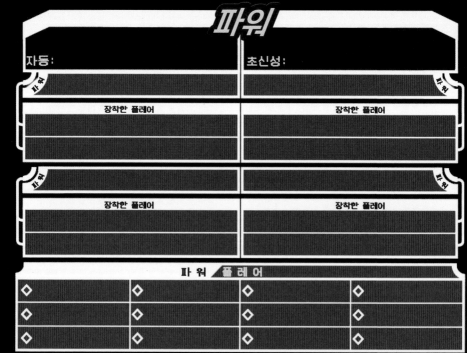

파워

자동:　　　　　　　　　　**초신성:**

파워　　장착한 플레어　　　장착한 플레어　　파워

파워　　장착한 플레어　　　장착한 플레어　　파워

파 워 플 레 어

◇	◇	◇	◇
◇	◇	◇	◇
◇	◇	◇	◇

노바
규칙 요약

> **핵심규칙:** *특정 능력치 (태양, 달, 그늘) 만큼 주사위를 굴린 다음, 가장 높은 결과를 봅니다.*
> **1-2:** *실패, 대가가 따릅니다.*
> **3-4:** *성공, 대가가 따릅니다.*
> **5-6:** *완벽한 성공, 대가 없이 완전한 효과를 얻습니다.*

> 스파크 특성

능력치: 스파크가 어떻게 행동하는지 나타냅니다.

> > 태양: 강력함, 감정적, 적극적, 파괴적
> > 달: 반응적, 재빠름, 기민함, 효과적
> > 그늘: 꼼꼼함, 숙련된, 정교함, 참을성

체력: 캐릭터가 죽어가기 전에 버틸 수 있는 피해 수치입니다.

연료: 캐릭터가 파워를 사용할 때 소비하는 자원입니다.

플레어: 스파크를 맞춤 제작하는 데 사용하는 개조 시스템입니다.

파워: 각 스파크의 고유한 능력으로, 스파크의 제작 목적이기도 합니다.

> 전투

라운드: 모든 스파크와 GM은 턴을 한 번씩 실행합니다.

턴: 스파크는 이동과 행동 한 번을 할 수 있습니다.

행동: 보통 파워를 사용하거나 주변 환경과 상호작용합니다.

> 거리

인접: 접근전 범위. 몇 발자국 내,

근거리: 보통 크기의 방 범위. 짧게 뛰어 다다를 수 있습니다.

원거리: 커다란 홀이나 공터, 긴 복도를 가로질러서 다다르는 범위.

저너머: 원거리보다 더 먼, 스파크가 닿을 수 있는 범위 너머를 모두 통칭.

> GM 턴

1. 스파크 수만큼 적을 선택한 다음, 액션을 발동하거나 스파크를 공격해 피해를 줍니다. 그런 다음 전투에서 발생한 중요한 변화를 묘사하세요.
2. **전리품 생성:** 처치한 적마다 d6을 굴리세요.
   1-2: 전리품 없음
   3-5: 연료 1점
   6: 체력 1점

노바
규칙 요약

> **핵심규칙**: 특정 능력치 (태양, 달, 그늘) 만큼 주사위를 굴린 다음, 가장 높은 결과를 봅니다.

> **1-2**: **실패**, 대가가 따릅니다.
> **3-4**: **성공**, 대가가 따릅니다.
> **5-6**: **완벽한 성공**, 대가 없이 완전한 효과를 얻습니다.

> **스파크 특성**

능력치: 스파크가 어떻게 행동하는지 나타냅니다.
> **태양**: 강력함, 감정적, 적극적, 파괴적
> **달**: 반응적, 재빠름, 기민함, 효과적
> **그늘**: 꼼꼼함, 숙련된, 정교함, 참을성

체력: 캐릭터가 죽어가기 전에 버틸 수 있는 피해 수치입니다.
연료: 캐릭터가 파워를 사용할 때 소비하는 자원입니다.
플레어: 스파크를 맞춤 제작하는 데 사용하는 개조 시스템입니다.
파워: 각 스파크의 고유한 능력으로, 스파크의 제작 목적이기도 합니다.

> **전투**

라운드: 모든 스파크와 GM은 턴을 한 번씩 실행합니다.
턴: 스파크는 이동과 행동 한 번을 할 수 있습니다.
행동: 보통 파워를 사용하거나 주변 환경과 상호작용합니다.

> **거리**

인접: 접근전 범위. 몇 발자국 내,
근거리: 보통 크기의 방 범위. 짧게 뛰어 다다를 수 있습니다.
원거리: 커다란 홀이나 공터, 긴 복도를 가로질러서 다다르는 범위.
저너머: 원거리보다 더 먼, 스파크가 닿을 수 있는 범위 너머를 모두 통칭.

> **GM 턴**

1. 스파크 수만큼 적을 선택한 다음, 액션을 발동하거나 스파크를 공격해 피해를 줍니다. 그런 다음 전투에서 발생한 중요한 변화를 묘사하세요.
2. **전리품 생성**: 처치한 적마다 d6을 굴리세요.
   1-2: 전리품 없음
   3-5: 연료 1점
   6: 체력 1점

캐릭터 시트

노바

스파크_파일.

콜사인: 스파크 기종:

파일럿 이름: 성별:

태양 :

달 :

그늘 :

체력

엔진

지속 플레이어 1

지속 플레이어 4

지속 플레이어 2

지속 플레이어 3

지 속 플 레 어

◇	◇	◇	◇
◇	◇	◇	◇
◇	◇	◇	◇

파워

자동: 초신성:

파워   파워

장착한 플레이	장착한 플레이

파워   파워

장착한 플레이	장착한 플레이

파 워 플 레 어

◇	◇	◇	◇
◇	◇	◇	◇
◇	◇	◇	◇

값 23000 원
63690

ISBN 979-11-88546-50-3